ヨハネス=グーテンベルク

はじめに

今日わが国においてグーテンベルクの名前はあまねく知れわたっている。中学の社会科や高校の世界史の教科書には、必ずといっていいぐらいその名前が記され、その業績も紹介されている。たとえばそのうちのひとつには、次のように書かれている。

「ルネサンス時代には、技術の開発や発明もさかんにおこなわれた。そのなかでも三大発明といわれる活版印刷・羅針盤・火薬は、文化・社会全般の革新・発展に大きく寄与した。ドイツ人グーテンベルクの発明といわれる活版印刷が、ヨーロッパに広く普及したのは、良質の紙が比較的安く供給できる製紙法が知られていたからである。この結果、書籍が、それまでの写本にくらべ早く正確にしかも安くつくられた。人文主義・宗教改革の思想が各地にすみやかに伝播した理由もここにあった。」（三省堂：詳解世界史B、一九九五年三月初版発行）

筆者自身も、こうした内容のことを習ってきたし、多くの日本人にとっても受験などを通じて、これはほぼ常識となっているのではないだろうか？　しかしグーテンベルクの活版印刷というものが、具体的にどのようなものであり、この人物がどのような生涯をたどったのかという段になると、はたしてどれくらいの人が知っているのであろうか？　おそらく多くの日本人にとっては、ここに紹介した教科書の記述どまりだと思われる。

現在わが国で発行されている百科事典を広げてみても、その記述はあまり詳しくはない。またグーテンベルクに関する邦文の文献や書籍も極めて少なく、巻末に掲げた参考文献ぐらいのものである。しかもこれらはグーテンベルクの最大の業績といわれる「聖書」に関するものと、活版印刷がその後のヨーロッパの社会や文化に与えた影響に関するものであって、この人物がたどった生涯についてては、『グーテンベルク聖書の行方』（富田修二著）および『印刷文化史』（庄司浅水著）の中に比較的詳しく書かれているぐらいで、なお不十分なものといえよう。

筆者がこの「人と思想」シリーズのひとつとして、グーテンベルクについて書くようにと依頼されたときただちに引き受けたのは、わが国におけるこうした欠陥を埋めることができたら、という思いからであった。筆者は数年前、『ドイツ出版の社会史～グーテンベルクから現代まで～』（三修社）という書物の中で、ドイツの出版史を通史というかたちで著したことがあるが、その最初の部分においてグーテンベルクの業績と生涯についてごく簡単に触れている。もとよりこれは全体のごく一部を成すものであってまったく不十分なものだが、このときにグーテンベルクの生まれ故郷であるドイツのマインツにある「グーテンベルク博物館」や「グーテンベルク協会」を訪ねて集めた文献・資料などによって、ドイツではグーテンベルク研究が極めて盛んであることを知った。その経緯については、本書の「おわりに——グーテンベルク研究史」の中に記したとおりであるが、ともかく「活版印刷術の父」についてまとめてみたいという気持ちを、筆者はそのとき以来抱き続けてきたわけである。

今回本書を執筆するに当たって意図したことは、その生涯と業績を、ほぼ半々の比重で扱うことであった。巨匠の業績についてはわが国でも、とりわけその『四十二行聖書』を核とした特別展示のかたちでこれまで何度か紹介されてきたし、その書誌的側面については、先にあげた二冊の邦文書籍の中で、かなり専門的なタッチで詳述されている。

筆者としては「人と思想」という本叢書の性格を考えて、ひとつにはその生涯を、グーテンベルクが生きた十五世紀のヨーロッパないしはドイツの時代背景との関連で描くことと、もうひとつには活版印刷の技術的側面や書誌的側面をできるかぎりわかりやすく解説する、という二つのことを実現しようと尽力した。

その際に筆者にとって幸運だったことは、時代背景の中で生涯を描くという意図にまさにぴったりの研究書にめぐり合えたことであった。それは本文の中で幾度となく触れていることであるが、巻末の原書文献の第一に掲げたアルベルト゠カプル著『ヨハネス゠グーテンベルク〜人物と業績

~』(Albert Kapr : Johannes Gutenberg ~ Persönlichkeit und Leistung ~) である。その内容がどのようなものであるかという点については、本書の行間から十分くみ取っていただけることと信じている。この書物は一般人向けに書かれたものとはいっても、極めて詳しい高度な研究書でもある。そして従来のグーテンベルク研究書にはあまり見られなかった社会的・文化的背景との関連に重点をおいて、もともと史料が少なくて謎の部分の多かった「活版印刷術の父」の生涯に、かなり大胆な仮説や推測を交えて切り込んでいる書物でもあるのだ。したがって、今回筆者が本書を通じて紹介した生涯についての記述は、わが国で発行されている百科事典などには記されていない部分も少なくない。

ところで活版印刷がヨーロッパのその後の社会や文化に与えた大きな影響については、初めに引用した高校の世界史の教科書にも書かれているとおりであるが、これについて深く、思想的・哲学的に考え、それを詩的洞察に満ちたタッチで描写したのが巻末にも掲げた『グーテンベルクの銀河系~活字人間の形成』(マーシャル＝マクルーハン著)である。ここで元来文学研究者であったマクルーハンは古今東西にわたる博引傍証によって、西欧近代の形成において印刷技術が果たした決定的な役割を詳細に検証している。そして活字(書物)が視覚的要素を促進し、それによって聴覚・触覚的要素を抑圧し、それを通じて近代のテクノロジー・個人主義・ナショナリズムなどを形成したプロセスをモザイク的方法によって浮き彫りにしている。

マクルーハンといえば、筆者がまだ若かった一九六七年に突如として旋風のようにわが国にもマスコミを通じて紹介されたのを覚えている。そのときの紹介の調子は、「メディアはメッセージである」というキャッチ・フレーズが前面に持ち出されて、今や活字文化が終焉し、電気=電磁波文化（映画・テレビ等）が到来したことを説くメディア論の専門家ないし社会学者としてマクルーハンを押し出していた、という印象を筆者は強くもっている。それはいわば活字文化の死刑宣告者といった調子での紹介であったが、今回『グーテンベルクの銀河系〜活字人間の形成』を読んでみて感じたことは、テレビ文化ないしはオーディオ・ビジュアル文化の内容には一切触れずに、一般の日本人には苦手なカトリシズム的神秘思想の立場から、活字印刷術によって西欧人が体験した「失楽園」を、テレビを中心とした電波文化によって取り戻せるという強い願望を表現したものが本書である、ということであった。その意味で本書にはグーテンベルクというタイトルがついているが、印刷術がもたらした社会的・文化的な衝撃を、実証的にではなくて、文学的・思想的な作品からの膨大な引用を通じていわば形而上的に、しかも批判的に描き出したものなのである。

一方歴史学者の立場から十五世紀におけるコミュニケーションの変容について、実証的に研究したものが『印刷革命』（E＝L＝アイゼンステイン著）である。

この本の中でアイゼンステイン女史は、まず第一部で西ヨーロッパにおける写本から印刷への推移に焦点を合わせ、コミュニケーション革命の特徴を概説している。そしてその第二部においてコミュニケーションの変容の様子と、通常中世から近代初期への過度期のものとされている各種の進歩との関係を扱っている。これはつまり一般にもよく知られているルネッサンス、宗教改革、そして近代科学との関係である。その際著者は印刷術を、各種の進歩をもたらしたひとつの作用因と考えているだけである、と断っている。実証的な歴史学者としてこうした慎重な態度をとることについてはよく理解できるが、それにもかかわらず本書においてはコミュニケーション変容の姿が実に丹念に、具体的なかたちで分析・叙述されており、一般の読者にとってはマーシャル＝マクルーハンの著作よりは、はるかにわかりやすいと言えよう。ここでその具体的な叙述を紹介できないのはまことに残念ではあるが、印刷術が後世の社会や文化に与えた大きな影響について興味と関心を抱く読者には、ぜひこの本を読まれることをおすすめしたい。

ともあれ、本づくりが今日鉛合金活字を用いない電算写植方式に取って代わられたとしても、グーテンベルクが発明した活版印刷術の原理そのものは書物をつくる方法としては変わりがないのである。そしてマクルーハンの予言やその後のマルチ－メディアの発展にもかかわらず、文化の重要な担い手としての書物や印刷物は今後も決して消えていくものではない、と筆者は確信するものである。その意味でグーテンベルクの発明は、五百五十年を経た現在なお色あせるものではないのである。それゆえに「活版印刷術の父」の生涯と業績を、あらためて具体的なかたちで知る意味も十分あるものと筆者は信じている。

終わりに本書執筆へのきっかけを与えてくださった清水書院の清水幸雄氏に、この場を借りて深い感謝の念を捧げたい。また清水書院編集部の村山公章氏のご尽力にもお礼を申し上げる。

一九九七年四月

戸叶勝也

目次

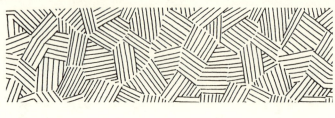

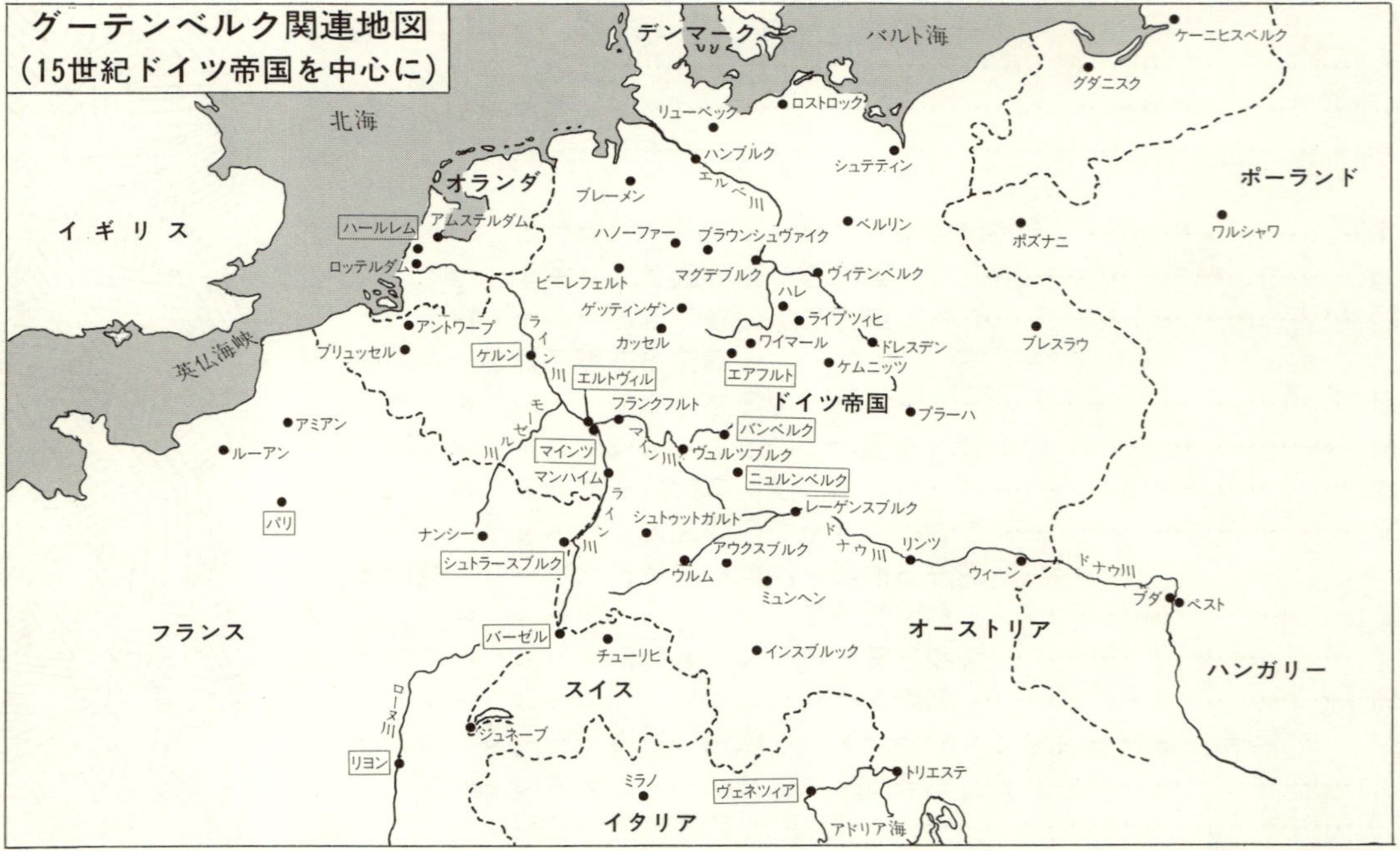
グーテンベルク関連地図
(15世紀ドイツ帝国を中心に)
北海
デンマーク
バルト海
イギリス
オランダ
ポーランド
フランス
ドイツ帝国
スイス
オーストリア
ハンガリー
イタリア
英仏海峡
アドリア海
ケーニヒスベルク
グダニスク
リューベック
ロストック
ハンブルク
シュテティン
エルベ川
ブレーメン
ベルリン
ワルシャワ
ポズナニ
ハーレルム
アムステルダム
ロッテルダム
ハノーファー
ブラウンシュヴァイク
マグデブルク
ヴィテンベルク
ビーレフェルト
ハレ
ゲッティンゲン
ライプツィヒ
アントワープ
カッセル
ワイマール
ドレスデン
ブレスラウ
ブリュッセル
ケルン
ライン川
エアフルト
ケムニッツ
エルトヴィル
フランクフルト
ドイツ帝国
プラーハ
モーゼル川
マイン川
バンベルク
ヴュルツブルク
アミアン
ルーアン
マインツ
マンハイム
ニュルンベルク
パリ
レーゲンスブルク
シュトゥットガルト
ドナウ川
リンツ
ナンシー
シュトラースブルク
アウクスブルク
ウルム
ウィーン
ブダ
ペスト
ミュンヘン
バーゼル
チューリヒ
インスブルック
ローヌ川
ジュネーブ
リヨン
トリエステ
ミラノ
ヴェネツィア

第一章　時代背景——一四・五世紀のマインツ

1　政治・経済・社会的背景

黄金の町マインツ

ヨハネス＝グーテンベルクが生まれ、育った町マインツは、西部ドイツのライン川とその支流であるマイン川が合流する地点にある。ここは北イタリアからアルプスを越え、ライン峡谷に沿って北上し、オランダなど低地地方に向かう交通の要衝にあるが、そのためすでに古代ローマの将軍ドルススによって軍隊の駐屯地とされていた。その後、民族大移動の混乱のあと、急速に勢力を増したフランク王国の中核地のひとつとなり、七四七年には大司教の鎮座地となった。そしてマインツ大司教はドイツの約三分の二のキリスト教会を支配する大きな存在となって、歴代国王から各種の特権や多くの所領を与えられた。つまり当時の大司教は宗教的に巨大な存在であったばかりか、政治的にも大きな役割を演じていたのである。たとえば、一一八四年にはこの町で、皇帝フリードリヒ＝バルバロッサは、帝国の諸侯がいならぶなかで、その二人の息子を騎士に任命する大々的な祭典を催した。また一二九八年以降大司教は、ドイツ皇帝を選ぶ選帝侯の一人としてドイツの政治を左右する存在になった。

こうした政治面ばかりではなく、経済的にもマインツはケルンとともにライン地方の商業の中心

中世マインツ市の景観

地として重要な役割を果たすようになった。とりわけ大司教からの全国的規模の注文によって、織物や金細工製品などの取り引きが促進された。大規模な遠隔地商業に従事する大商人の経済力が高まるとともに、自治を求める彼らの動きも強まり、ついに一二四四年には大司教の支配から脱して、マインツは皇帝直属の帝国都市（自由都市）となった。こうした基盤のうえに、一二五四年にはライン都市同盟の指導者にもなったのである。こうしたなかで、「商人ギルド」に結集していた大商人階級は、マインツの都市行政を担う「市参事会」の中枢メンバーになっていた。そしてさらに周辺農村地主との合体や市内における土地保有などを介して、特権的な「都市貴族」になっていった。

いっぽう遠隔地商業だけではなく、モノの製造面でもマインツは活発な動きを示していて、手工業者や中小商人によって、よく組織された職種別の「同職ギルド」（ツンフト）が形成されていた。彼らの勤勉さと優れた仕事によってマインツの富は生まれていたわけだが、そうしたことへの自信に裏づけられて手工業者たちの力も増し、やがて都市行政にも参与することを求めて、都市貴族と対立するようになっていた。こうしてグーテンベルクが生まれる前後の一四・五世紀のマインツには、大司教を中心とする宗教的権力、富裕な都市貴族、そして新興のツンフトという三つの勢力が、互いにしのぎを削っていた。そしてそうした諸勢力拮抗のなかで、中世都市のひとつの典型であったマインツには、司教座大聖堂をはじめとして幾多の教会の塔がそびえ立ち、豊かなラインの流れを媒介とした華やかな商工業活動によって、「黄金の町マインツ」と呼ばれる繁栄をこの町は謳歌していたわけである。

大司教管理機構と都市貴族

マインツ大司教は、皇帝、諸侯、司教と同様に家人や宮廷人に取り囲まれていたが、大商人たちはその経済力にものを言わせて、こうした家人として宮廷の官職につき、騎士の生まれと同等とされて貴族（都市貴族）に加えられた。つまり彼らは大司教という中世キリスト教社会における権威に寄り添うかたちでその特権を拡大し、享受していたのである。じつはこれからお話するグーテンベルクの先祖の大部分は、こうした都市貴族だったのである。

大司教管理機構の頂点に立っていたのは宮内長官であったが、彼は大司教のすべての財産と収入を管理し、裁判権、関税事務、貨幣鋳造権を握り、同時に大司教の職人たちの監督にも当たっていた。ただしマインツ市の行政は市長が代行していた。この宮内長官の下に、市場と都市警察を管理する責任者、貨幣鋳造を監督する責任者、裁判業務の責任者そして管理行政一般の責任者などがいた。これら上級の官職は、特定の家系が代々独占するようになっていて、都市貴族として互いに姻戚関係で結びつき、都市における特権的な支配階級を形成していた。

先に述べたようにマインツは自由都市になったわけであるが、その具体的な現れとして、従来封建領主や騎士たちがライン川を航行する船舶に恣意《しい》的に課していた関税が撤廃され、そのかわりに大商人たちは船舶が運ぶ物品の集散権を獲得したのであった。これはライン川を上り下りするすべての船がマインツの港で全商品を積み降ろし、数日間それらを売らなければならないというものであった。豊かになった都市貴族は、さらに税金の減額や免除まで大司教から勝ちとったのである。そのうえ彼らは、市参事会における支配を利用して、交互に利子の有利な終身年金を支払う制度までつくったのである。この終身年金はグーテンベルクにも大いに関係があるので、ここですこし説明しておきたい。

当時利子を取って金を貸すことは、教会によって一般に禁止されていたが、都市貴族たちはそれへの対応策としてひとつのからくりを考え出した。それが終身年金制度であったのだ。金持ちの都市貴族たちは、その子どもたちや若年の親類縁者たちのためにこの年金を買ったわけであるが、それには高い利子（通常五パーセント）がついてふくらんでいった。そしてそれを受益者である子どもや若い親類たちは簡単な手続きで取り戻すことができたのであった。つまり彼らは、たいていの場合支払った金額よりもはるかに高い金額を受け取り、その差額はマインツ市の財政から支払われたのである。都市貴族たちは自分たちの相互の利益を、市の財政を食いつぶすようなかたちで得ていたわけである。都市行政をぎゅうじっていたのが市参事会であり、そのメンバーはもっぱら都市貴族によって占められていたことを考えれば、このからくりは理解できよう。

こうした特権階級たる都市貴族への年金支払いは、しだいにマインツ市の財政を圧迫していき、税を負担する側の不満も増大していった。なかでも都市にあってその繁栄に貢献していたにもかかわらず、市参事会から締め出されて、税を負担するばかりで、終身年金などの利益享受のなかった中小商人や手工業者たちは、「同職ギルド」（ツンフト）に結集して、都市貴族と対立するようになっていったのである。

グーテンベルクが生まれた一四〇〇年ごろのマインツはこうした状況にあったわけであるが、都市貴族の出身であったグーテンベルクの生涯は、まさにこのような階級間の対立抗争によって大きな影響を受けたのであった。

2　書籍を中心とした文化的背景

ヨーロッパ中世にあっては、書物の世界は、ローマ帝国の崩壊以降精神生活の伝統を受け継いでいた修道院の中にあったといえる。

書物製作の担い手としての修道院

聖ベネディクトゥスは、西暦五二九年中部イタリアのモンテ－カッシーノの修道院において、教会文書の書き写しを行い、それを神への奉仕事業だとした。やがてフランク王国のカール大帝は、このベネディクトゥスのやり方を王国内のすべての修道院に見習わせたが、それ以来中西部ヨーロッパに設立された修道院には筆写工房がつくられるようになった。そこではキリスト教に関連したものやギリシア－ローマの古典作家の作品などが筆写され、製本された書物は、修道院内ないしは司教座聖堂付属学校内の図書館に保管された。これらの施設がヨーロッパ中世における知識・教養および伝統の保持機関だったのである。

字体の重要性

その際筆写に用いられる文字の形が重視された。文字の形は、内面の姿勢や宗教的信条の表現であるとみられたからである。カール大帝の委託によってイングランドの神学者ヨークのアルクィンは文字改革を実行した。その結果、カロリングの小文字と呼ばれる新しい文字が生まれたが、それがローマ - カトリック教会の全地域における統一文字となった。この文字はその後数世紀にわたって生き続け、ヨーロッパ諸国で用いられるアルファベットの小文字の基本形態となった。

やがて一三世紀になり、北フランスに初期ゴチックの字体が現れた。これは垂直方向に文字が屈折したもので、書き出しの細い線も、表現豊かに形成されていた。ゴチック建築と同様に、ゴチック文字も宗教的効果を示し、内面化していった。そして行と行との間隔、文字の上端と下端の間隔が狭くなり、ついには一頁全体が織物のように見えるようになった。ここから成熟したゴチック文字に対して、テクストゥーラという呼び名が生まれたのである。この文字を使って、ミサ典書、詩篇、聖書、福音書などのキリスト教の典礼文書が、ラテン語で書かれたわけである。後にグーテンベルクはその聖書を印刷するに当たって、このゴチック文字（テクストゥーラ体）にならった活字を鋳造した。

その他の筆写工房

いっぽう一二世紀になってヨーロッパに大学が生まれると、学問研究はもはや修道院や司教座聖堂の独占物ではなくなり、大学の内部にも筆写工房ができた。まず当時の先進地域イタリアのボローニャやパドヴァあるいはフランスのパリなどの大学が、

中世の筆写工房

書物の生産と需要の新たなセンターとなった。

教皇の認可を受けて生まれた大学は、ラテン語を学ぶための文法書や神学、哲学の作品、あるいは医学や法学の書物を必要としていたのだ。大学内の筆写工房では、こうした書物は修士や学士自身によって筆写され、さらに製本されて販売された。これら筆写生や製本工は大学の学籍簿に登録され、その法的監督を受けていた。


下って一四・五世紀になると、修道院や大学のほかにも中級規模の都会に、一般の筆写工房がつくられるようになった。その背景としては、とりわけ都市において書くこと（文章で表現すること）の重要性が増していたことがあげられよう。都市間の争いごとや都市、諸侯、聖職者間のもめごとはしばしば公証人によって決着がつけられた。武器による戦争に先立って、書類による戦争が行われたりしたが、その際争いの当事者は、教会法やローマ法を熟知していた大学出の法律家を争いの場に送り込んだ。

ここでもイタリアが先んじていた。言葉を操る術や博識の点で田舎貴族を凌駕《りようが》していた新興の市民層は、ひとつの教養階層を形成するようになっていたが、書物はこうした大商人階級にとって実質的な意味を持つものとなったのだ。こうした認識はアルプスを越えてドイツにも流れ込み、中小の都市で書物に対する需要の増大を促すことになった。その結果、都市において一般の筆写工房が誕生することになったわけである。

こうした都市の筆写工房では数多くの筆写生が、主として公正証書や商業文書の筆写を請け負っていたが、頼まれれば一般の書物も筆写していた。この頃イタリアではすでにマニュファクチャー方式で仕事をする巨大な筆写工房も生まれていた。

こうした工房では筆写された本に、装飾文字の画家が赤インクで見出しの文字や頭文字を描き込んでいた。高価な写本の場合は、さらに挿絵画家の仕事が加わり、芸術味豊かに各章の飾り縁、枠縁、装飾文字などが描かれた。

これらの筆写工房と並んで一四世紀になると、キリスト教徒の自由な協同組合組織ともいうべき「共同生活兄弟団」の手によって、聖書や祈禱書、教科書などの筆写が商売として行われるようになってきたことが注目される。この組織は一三八六年に設立され、オランダからドイツへはいってきたものである。そこには写本の正確さを監視する係もおり、彩色と製本はそうした技能を持った職人に依頼していた。こうした民間の聖職者による筆写工房は、一種の工場のような様相を呈していたといわれる。

これらは、一時グーテンベルクも住んでいたシュトラースブルクや、南ドイツ各地に点在していた。なかでも大規模だったのが、当時はドイツ帝国に属していたアルザス地方ハーゲナウの教師ディーボルト＝ラウバーが経営していた筆写工房であった。ラウバーは一四二五年から一四六七年まで工房を営んでいたが、この時期はグーテンベルクの活動期とほぼ重なり合う。ちなみにラウバー筆写工房で製作された写本七〇冊が今日なお残っている。

ここで再び字体に目を向けてみよう。先に紹介したゴチック文字は宗教書に適したものであったが、人文主義者の本や世俗文学一般、特に商人たちの書類や都市の裁判所の書類には向いていなかった。ここではもっと実用的で、早く書くことができる文字を必要としていた。

そうした要請に応えるようにして、ゴチック体の雑種やゴチック体のドイツ文字がつくられた。ゴチック体の雑種は表現力が豊かで、ラテン語ではない当時の各国語で書かれた世俗的な書物によく用いられ、ゴチック体のドイツ文字やイタリック体は公証人や商人たちによって頻繁に使用された。その後はこの二つの字体をもとにして、ヨーロッパ各国の個性あふれる変種が生まれていったわけである。

一方、ギリシア－ローマの古典作品を研究していた人文主義者たちは、例のカロリングの小文字を注意深く模倣し、それを洗練しはじめた。この人文主義者の小文字が、今日一般に見られるローマン字体の筆記体の原初形態となった。そしてここからさまざまなヴァリエーションが生まれたのだが、そのなかでも重要なものとしてゴチコーアンティクア体というものがある。これはイタリアで生まれたものだが、やがてドイツ人留学生によってドイツにもたらされた。グーテンベルクはこの文字を印刷用の活字の手本にして、免罪符、小型の暦、大型のラテン語辞書などの印刷に用いた。グーテンベルクの時代には数多くの字体が存在していて、書物の種類や筆記目的に応じて、それぞれ使い分けていたのである。

これら多くの字体のなかには、同時にさまざまな社会的観念というものが反映されていて、そこには筆跡学的な自己表現が体現されていたのだが、それは書き手や依頼人の世界観によって動機づけされていた。後に詳しく述べるが、グーテンベルクもこれにならって、印刷物の種類によってさまざまな活字をつくって印刷している。

ところで書物の製造量の増大を促した重要な要素として紙の存在を忘れることはできない。古く中国で生まれた製紙術は長い時間をかけてヨーロッパにたどり着き、一四世紀末にはドイツでも製紙工房が生まれた。

まず一三九〇年にニュルンベルク近郊で紙の製造がはじめられ、続いてラーヴェンスベルク、リューベック、バーゼルならびに各大学都市近郊に製紙工房がつくられた。それまでは高価な羊皮紙が用いられていたのであるが、廉価な紙の登場によって、特別な豪華本などを除いて一般に紙が使用されるようになったのである。

木版印刷の出現

グーテンベルクによって活版印刷術が発明される少し前、ヨーロッパに木版印刷が現れた。おそらく一四世紀の終わりの二、三〇年の間に、ヨーロッパでは宗教画の木版印刷が盛んに行われるようになったものとみられている。また、一四・五世紀には木版によるカルタの印刷が、イタリアのヴェネチアや南ドイツで、重要な産業のひとつにまでなっていた。印刷年代のはっきりした最古の木版画は、一四一八年という年代の入ったブリュッセル図書館蔵の「聖母像」だとされている。そして活版印刷術が発明された一四五〇年ごろには、版画製作の技術は中央ヨーロッパ全土に広がっていたものと想像される。初期の版画は聖書の物語や使徒の生涯から取ったものであるが、絵は極めて粗雑で、画線部分だけ印刷され、あとから着色するか、または型紙で彩色された。

他方、カトリック教会が宗教的な罪の赦《ゆる》しを保証する証書として発行していた免罪符も、はじめは手書きであったがやがて木版印刷にかわり、教会で素朴な聖像版画と一緒に売りに出された。これら聖像版画は、画題から見ていわば当然であるが、もっぱら修道院の内部で、写字生によってつくられていた。

やがて一枚の版画からこれらを集めて一冊の本にした、いわゆる「木版本」が生まれてきた。この木版本はとりわけドイツとオランダを中心にして製作された。初期の版画には文字が伴わなかったが、その後になって絵の下に簡単な文字が書かれるようになった。こうして絵と文字を印刷して一冊の本にまとめられたわけである。ただしはじめはわが国の和本と同じように片面刷りであった。紙を版木の上においてこすりつけるため、裏面の印刷ができなかったからである。この木版印刷は画像の印刷には適していたが、文字とりわけローマ字のアルファベットの印刷には能率の悪い方法であった。そのため文字の印刷に適した、もっと便利な手段が求められたとしてもなんら不思議ではない。

第二章　グーテンベルクの先祖、出生、青少年時代

1　グーテンベルクの先祖

先祖はおおむね都市貴族

ヨハネス＝グーテンベルクの先祖は、その四分の三が都市貴族であった。つまりその先祖は、代々マインツでおおむね織物などの取り引きに従事していた遠隔地商人で、金持ちの都市貴族であった。これら資産を持った都市貴族は、第一章で述べたように、すでに封建領土に結びついた騎士貴族と同格の地位を認められていた。そのうえ経済的には封建貴族を凌駕《りようが》すらしていた。なぜなら土地貴族は、その家屋敷をしばしば都市の金貸しに対して抵当に入れなければならなかったからである。また、グーテンベルクの先祖たちは、大司教管理機構のなかで、裁判官、市参事会員、貨幣鋳造業者、町村長、出納長といった官職にもついていた。

活版印刷術の発明者グーテンベルク（以下しばしば発明者と略称）の父方の祖父および祖母、ならびに母方の祖母は、いずれもマインツの都市貴族であったが、母方の祖父だけは石を扱う小売り商人で、マインツの小売り商人のギルド（ドイツ語でツンフト）に属していた。つまり発明者の体のなかには、四分の一だけ都市貴族とは違う社会階層の血が流れていたわけである。そして当時はこうした社会階層の違いは、極めて大きな意味を持っていたのである。前述したように、都市貴族とツンフトの間には、大きな社会的軋轢《あつれき》と激しい階級間の闘争が繰り広げられていたからである。こうしたことが発明者グーテンベルクの性格や行動に暗い影を投げかけていて、通常の都市貴族がたどる経歴とは違った特異な人生を歩ませたものと思われる。

当時は同じ社会階層同士の結婚が普通であって、発明者の母方の祖父と祖母のようなケースは例外的なものであったといえよう。じつはこの母方の祖父ヴェルナー＝ヴィリヒの父親は、もともとはやはり都市貴族であったものが、マインツ大司教の座を巡る争いの渦中で破門宣告を受け、小売り商人へとその社会的地位を落とされてしまったのであった。そしてその息子も小売り商人として暮らしていたというわけである。

グーテンベルク屋敷

後に発明者が印刷工房をつくったマインツのグーテンベルク屋敷は、一三世紀末には大司教の廷臣フィリップおよびエバーハルトのドゥ＝グーテンベルク兄弟が所有していた。その後一三〇〇年ごろ、発明者の先祖の一人がこの屋敷を手に入れ、その娘と夫のペーターマン＝ツム＝ゲンスフライシュに遺産として与えた。さらなる遺産相続の末に、この屋敷は発明者の祖父および父親の所有となったが、そのときにはすでに屋敷内の建物の一部は他人の所有になっていたと思われる。

なぜなら当時マインツの都市貴族は、その家屋敷または成し遂げた業績にもとづいて名前を名乗っていたのだが、奇妙なことに発明者の先祖は、三代にわたってグーテンベルク屋敷をその姓にしていないのである。このことは、屋敷の一部だけが発明者の祖父および父親の所有となっていたことを推測させるのである。

話は少し先走るが、生前フリーレ゠ゲンスフライシュと名乗っていた発明者の父親は、その死後一四二七／二八年になって息子たちに与えられることになった終身年金に関連した文書の中では、フリーレ゠ツー゠グーテンベルクと呼ばれるようになっているのだ。これは発明者の母親エルゼ、つまりこの人物の未亡人が屋敷のすべてを手に入れたのに伴っての措置だったようだ。

2　グーテンベルクの出生と青少年時代

　ともかくこのグーテンベルク屋敷において、わが活版印刷術の発明者は、フリーレ＝ゲンスフライシュとその妻エルゼ（旧姓ヴィリヒ）との間に、西暦一四〇〇年ごろに誕生した。その正確な生年について記した文書記録がないため、これまでさまざまな研究者がいろいろなやり方でこれを探ってきたが、いずれも決定的なものとはいえない。このためわが国で発行されている百科事典でも、その生年を一三九八年ごろ、一三九九年ごろ、一三九七年（一三九四―一四〇二年の間で諸説がある。ここではマインツ市グーテンベルク博物館の説をとる）、一四世紀末とするなどまちまちである。ここでは、筆者が本書を書くに当たって主たるよりどころとしてきたアルベルト＝カプルの説、および現在順次刊行中の書籍出版に関する総合的な事典（Lexikon des gesamten Buchwesens）の記述にしたがって、その生年を一四〇〇年ごろとしておく。

グーテンベルクの誕生

　発明者の両親は一三八六年に結婚し、一三八七年ごろには兄のフリーレが、そして一三九五年には姉のエルゼが生まれている。父フリーレ＝ゲンスフライシュ＝ツア＝ラーデンは、一三五〇年ごろ生まれ、一三七二年に別の女性と結婚して、二人の間にパッツェという娘が生まれている。この父親は豪商で、たぶん織物取り引きに従事していたといわれる。同時に彼は貨幣鋳造組合の会員にもなっていたが、貨幣取り引きまたは貴金属取り引きに従事していたのかどうかは実証することができない。さらに一四一一年にはマインツ市の会計担当の一人に選ばれている。そして一四一九年に亡くなっている。

ここで発明者の姓名について一言つけ加えておこう。今日まで残っている記録文書では、その呼び方はいくつか記されている。まず名前（ファースト・ネーム）は普通はヨハネスであるが、場合によってはヨーハンあるいはマインツでのその縮小形ヘンネ、ヘンギン、ヘーンヒェンとも書かれている。そして姓のほうは、父親の姓をとってゲンスフライシュ＝ツア＝ラーデンが正式な呼び方のようであるが、前述したように父親の死後、終身年金を受け取るころから屋敷の名前をとってグーテンベルクと呼ばれるようになっていったようである。

グーテンベルク家の紋章

グーテンベルク家というよりはゲンスフライシュ家の家紋は、その先祖の一人が一三三〇年マインツ市の参事会員に任命されたために、市の重要文書に繰り返し現れるようになった。そしてそれ以後ずっと使用されていたわけであるが、それが次頁の写真に見られる図柄のものである。アルベルト＝カプルによれば、この紋章の意味についてグーテンベルク研究者たちは古来からさまざまな解釈を示してきたとして、六つの解釈を紹介している。

それによると、まず第一の解釈は、左手に杖を持ち、右手にお椀を差し出し、頭に頭巾《ずきん》をかぶり、背中に荷物を背負っている人物を聖地への巡礼者だとするものである。第二の解釈は、前方に差し出したお椀あるいは鉢で物乞いをしている人物だとしているが、代々都市貴族だった家柄にはふさわしくないとされている。

第三の解釈は、三角形の頭巾からこの人物を道化だとするものであるが、お椀や背中の荷物など道化にはふさわしくないように思われる。第四のかなり普及している解釈は、この人物を各地を歩き回る行商人だとするものである。背中に背負った荷物から、紋章はこの家の代々の生業、つまり織物商人とか遠隔地商人を象徴している、と見ているわけである。第五の解釈は、その頭巾をユダヤ人帽と見て、発明者の先祖をアラビア系スペイン‐ユダヤ人だとしている。

グーテンベルク家の紋章

そして最後の第六の解釈は、この人物をスコットランドの托鉢僧《たくはっそう》と見るものである。この托鉢僧はスコットランド修道院設立後もなお遍歴を続け、ときとして小さなものの販売にも携わっていたという。そしてこうした乞食巡礼者は死への旅路を表すキリスト教的世界理解を象徴していて、一五世紀においてもなお、発明者と縁の深かったフランシスコ修道会とつながりがあったという。その意味からカプルはこの説に賛同しているのであるが、グーテンベルクとフランシスコ修道会との関係については、本書で以後いくどとなく触れられるところである。

幼少年時代

この時代について記した記録文書は存在しない。そのためグーテンベルクに関する大部分の研究書はこの時代には触れていない。ところがカプルは間接的な傍証資料から大胆な推測を行っているので、それを紹介したい。発明者は父の二度目の結婚で生まれた末子であったため、その誕生のときには父親はすでに五〇歳ぐらいであった。ところが母親のほうははるかに若く、発明者はこの母親の影響を強く受けて育ったとみられる。

その学童期については、直接の資料は沈黙しているが、アルベルト＝カプルは一五世紀初頭のころのライン地方の学校制度から以下のような推測を展開している。発明者の父親は貿易商人として、読み、書き、計算の重要性を知っていた。いっぽう母親も、小売商の娘としてその能力をもっていて、発明者は家でこれらを習得したものと思われる。

当時マインツにもすでに都市学校というものがあって、市民の子弟に読み、書き、計算を教えていたが、グーテンベルクはたぶんこうした学校へは通わなかったとみられている。というのはこれら民間の都市学校へは、同職ギルド所属の手工業職人がその子弟を通わせていたからであった。この階層と対立していた保守的な都市貴族たちは、これを嫌ってその子弟たちを修道院付属学校へと通わせたのである。

ゲンスフライシュ家は代々マインツの修道院とは良好な関係にあった。一族の多くの者は教会や修道院に多額の寄付金を出していたし、司祭や教会参事会員になる者も少なくなかった。その見返りとして教会や修道院は、都市貴族の特権を支持していた。当時のマインツにはそうした修道院の付属学校がいくつか存在していたが、発明者はそのなかの聖ヴィクトーア修道会付属学校に通っていた形跡がある。

発明者の遠縁の一人ヤーコプ＝ゲンスフライシュが一四三三年から一四三九年にかけて学校長職につくなど、この学校とゲンスフライシュ家とは縁が深かった。そして発明者は高齢になってもなお、この修道会に寄付を続けていた。聖ヴィクトーア修道院はマインツ市の南にある丘の上に建っていたが、幼いグーテンベルクは、グーテンベルク屋敷から五キロの道のりを歩いてここに通っていたものと思われる。その際彼は、おそらく二人のいとこフリーレとルーレマンおよび伯父オルトリープの息子たちと一緒にその道を通ったのであろう。そしてたぶんこの学校でラテン語を習得したものと思われる。

ところがグーテンベルクはその少年時代、町の政治をめぐるツンフトとの争いが原因となって、都市貴族であった父親に連れられ、マインツを何度か離れざるを得なかったことと思われる。都市貴族とツンフト（同職ギルド）との対立については第一章でも述べたが、そうした争いが一四一一年になって再び起こったのである。

都市貴族たちは新しい副市長の一人にヨハネス＝スヴァルバッハなる人物を選出したが、その保守的な言動のために、ツンフトの親方たちはこれに反対し、譲歩を求めた。そして都市貴族たちに税金をかけるという脅しを行った。このようなことはすでに一三三二年にもあったのだが、このときも脅しに屈した都市貴族たちは一四一一年八月一五日にマインツを離れたのである。町を立ち去った者のリストの中に発明者の父親の名前も記されている。その家族については何も記されていないが、婦人や小さな子どもたちも同伴したものと思われる。このとき一一七人の都市貴族がマインツを離れたと書かれているが、これらの人たちは金持ちで近郊にも家屋敷を持っていたので、しばらくのあいだ田舎暮らしをしながら税金逃れをしていたのだと考えられる。

こうしたことはその後も何度か繰り返されたために学業もたぶん中断されたものとみられるが、このような体験は少年ヨハネスの心に深い影響を与え、成人してからの彼の行動を規定したようだ。おそらく彼の家族は、マインツからそう遠くないライン川の河畔の小さな町エルトヴィルへ移り住んだと思われる。そこには発明者の母親が相続した家屋敷があったからだ。そのためマインツを離れたといっても亡命というほど厳しいものではなく、そこで一族郎党にも出会う可能性は十分にあったのだった。ちなみにここには大司教の水城もあり、その官僚機構では都市貴族たちが仕事をしていた。そのあいだ父親はツンフトとの争いで、たびたびその居所を移動させていたようであるが、少年ヨハネスは親類のもとにとどまり、今度はペーター教会付属の宗派混合学校に通うことになったようだった。その際には大司教の廷臣だった義理の伯父ヘンネ＝ライマーの世話を受けたものと思われる。

グーテンベルクはエアフルト大学で学んだのか？　彼がエアフルト大学で学んだことを記す直接の文書は存在しないが、例によってアルベルト＝カプルは傍証によってその可能性が強かったことを論証している。この大学は当時、プラーハ、ウィーン、ハイデルベルク、ケルンにつぐドイツ語圏で五番目の大学で、マインツ大司教区に属していた。そのためグーテンベルクに関係のある人物がこの大学に多く在籍していた。現に彼の二人のいとこが在籍していた記録が存在する。

そして一四一八年の夏学期に、「ヨハネス＝ドゥ＝アルタ＝ヴィラ」という人物が登録していたことも確認されている。一見これは発明者とは関係ないように思われるが、彼は当時はまだグーテンベルクとは名乗っていなかったのである。それに当時の学生は学籍簿に名前を記すときには、その出身地を書く習慣があったという。このアルタ＝ヴィラは、ヨハネスが当時住んでいたと思われるエルトヴィルによく似ていて、同じ地名とみなすことができるのだ。たびたび起きた騒乱との関係から父親とは緊張関係にあり、生まれ故郷への嫌悪感からマインツという名前を避けたのであろうと、カプルは推測している。

このエアフルト大学においてグーテンベルクはラテン語に磨きをかけたものと思われる。後に自分の発明した印刷術によって、彼は聖書その他の書物を印刷したわけであるが、それらの書物は主としてラテン語で書かれていたのだった。これらの書籍づくりの総監督でもあったグーテンベルクにとってはラテン語に対する十分な知識が必要不可欠であったわけで、ラテン語の知識が欠けていたとは考えられないのである。

もうひとつ若き発明者にこの大学が与えたと思われる精神的な影響について触れておきたい。新設されてまもない当時のエアフルト大学には、コンスタンツ宗教会議（一四一四―一八）や教会改革の精神が躍動していたといわれる。プラーハから追放された数多くのフス派の教授たちは、ここに新しい活動の場をみいだしていた。そこではすでに中世スコラ哲学的教養の限界が指摘され、イタリアからドイツへと流入していた新しい人文主義理念についても語られ、さらに広く政治的社会的関連に対しても目が向けられていた。ドイツのフランシスコ派修道僧は、ドイツ人の民族的権利を強調し、ドイツ国内の事柄へのローマ教皇の影響力の増大に対して防御の姿勢をとっていた。またこの大学に大きな影響力をおよぼしていたアウグスティノ派修道会は、人々が聖書やほかの宗教書を直接読むことを奨励するなど、前宗教改革的な動きすらみられた。何しろそれまでの保守的なカトリックの神学者たちは、自分たちの権威を守るために、人々が聖書などを読むことを禁じていたのである。

このような雰囲気に包まれていたエアフルト大学で、若きグーテンベルクは当然のことながら各国からやってきた修士や学生と知り合ってその視野を広め、新しい思想や潮流の影響を強く受けたことと思われる。これについては後にまた詳しく述べるが、彼が印刷術を発明しようとした根本的な動機も、こうした思想的な背景と結びついていたと思われる。いっぽうこの大学時代には、当時の学生がたいてい副業としてやっていた筆写の仕事にも携わっていたものとみられる。そのために彼はどこかで、筆写のやり方も学んだはずである。

一四一九年の秋、発明者がまだ在学中に父親は死亡した。グーテンベルクは一四一九／二〇年の冬学期に在学し、その終わりに学長から修了証書を授与されている。そしてその少し後、彼はアイゼナハ、フランクフルトを経てマインツに戻った。学生時代は終わったのである。

3　成人後のグーテンベルク

二〇代のグーテンベルク

再び故郷マインツに戻ったグーテンベルクは、すでに成人して一人前の都市貴族になっていた。とはいえ前述したように、母方の祖父が小商人であったという四分の一の血の不足によって、彼は完全な都市貴族にはなれなかった。ゲンスフライシュ家にとって最も重要な経済的基盤は、貨幣鋳造組合で高い地位を占めることにあったが、発明者は四分の一の血の不足によってこの組合の名誉ある成員にはなれなかったのである。そのため彼は正当な都市貴族としては疎外されていると感じ、欲求不満の状態にあったものと推測される。このことが彼に通常の都市貴族がたどる道のりとは異なった経路を歩ませた大きな要因であったと思われるのである。

兄のフリーレは結婚し、遅くとも一四二六年にはその妻とともにグーテンベルク屋敷に住み、名前もフリーレ＝ツム＝グーテンベルクを名乗るようになり、一四三〇年には市参事会会員になっている。また、姉のエルゼはすでに一四一四年にクラウス＝フィツトゥームという人物と結婚していた。後の発明者はこの義兄とは良好な関係にあったが、実兄とは緊張関係にあった。ツンフトとの闘争に際して、この二人は異なった政治的立場にたったからだ。兄が穏健な立場にたってツンフトと妥協的な姿勢を示したのに対して、弟は断固とした態度をとってツンフトと真っ向から対立したのであった。それでもこの兄弟は、当時広大なグーテンベルク屋敷に住んでいた。

この屋敷において、後のグーテンベルクの職業的経歴にとって重要な意義をもつことになる経験が積まれたものと思われる。ある資料によれば、親類縁者のほかにコモフとライゼと称する貨幣鋳造組合所属の職人がこの屋敷に出入りしている。そして一四一九年、皇帝ジギスムントによって鋳造が委託された銀貨と同等のものの準備作業、つまり硬貨用の金型を彫るという精巧な仕事がここで行われていた形跡がある。

貨幣鋳造組合の正式な会員になれなかったグーテンベルクは、おそらくこの二人から金細工師としての技術を習得したとみられるのだ。後に詳しくみるように、金細工の技術は、活字の鋳造に決定的な意味をもつことになるのである。

いっぽう二〇代のグーテンベルクの生活を想像してみると、負けず嫌いで、鼻っ柱が強く、陽気に仲間ともつき合う青年貴族の面影が浮かびあがってくる。当時マインツで政治活動に熱心な都市貴族たちは「ツム‐ティアガルテン」という酒場に、また都市貴族の若者たちは「ツム‐モンバセリエ」に集まったことが知られている。若きグーテンベルクはこうした酒場で、ワインの杯を傾けながら仲間と熱心に議論したり、女の子に取り入ったり、あるいは当時すでに名高いマインツのカーニヴァルで、祭りの席の演壇に立って一席ぶったりしたことと思われる。またときには町のカジノに出入りして金をすったり、土曜日には仲間の連中と温泉に出かけて湯女に体を洗ってもらったこともあったであろう。

衰退に向かうマインツ

そのころのマインツ市は、表面的にはまだ「黄金の町」の輝きを保持していた。町の南のブドウ山ケストリヒとライン川のゆったりとした流れにはさまれた四〇キロほどの平野には、司教座大聖堂をはじめとして、あまたの教会、修道院の尖塔がそびえ立っていた。ライン川を行き交うすべての船は、この町でその商品をいったん積み降ろさなければならなかった。そのため川の中には、船の荷物を陸地へと引き上げる大きなクレーン船が二隻浮かんでいた。引き上げられた荷物は二輪車の押し手が受け取り、水車門をくぐって町中の商店まで運んだ。

また、鉄の塔の近くには鉄市場があって、金細工師や錠前師がその商品を売っていた。川に面した魚門から魚市場にまっすぐ道が通っていて、市《いち》の立つ日には新鮮なラインの川魚が売られていた。市の中心部のグーテンベルク屋敷近くの亜麻市場では、農民たちが自分ですいた亜麻を並べていた。さらにその市場には、船でオランダ、ブラバンド、ブルグンド地方から運ばれてきた織物が船の商人によって売られていた。ただし都市貴族たちが先売権を行使して横取りすることもしばしばみられた。町の職人たちの工房では、ハンマーを叩いたり、ロールをかけたり、パンをこねたり、服を縫ったり、やすりをかけたり、賑やかな生産活動が続けられていた。

表面的にはマインツの町はなお繁栄を謳歌しているようにみえた。しかし事情通は、すでに町の財政状況がひどいものになっていることがわかっていた。一四一一年、グーテンベルクが父親とともに初めてマインツを追放されたときには、市の債務に対する利子だけで収入の四〇パーセントにもなっていた。ツンフトがマインツの行政を担当するようになった後も、市の財政状況は一向に改善されなかった。依然として都市貴族たちは税金をまったく払わないか、あるいはわずかしか払わなかったし、聖職者たちは文書で認められた特権によって、修道院などでつくった彼らのワインを無税で売ることができたからである。

一四二八年、市の財政はあらためて破産の危機に立たされた。ツンフトは危機回避のため一〇人の代表を選び、市の最高決議機関として認めるように求めた。これに対する対応を巡って、都市貴族たちは二つのグループに別れた。ツンフトの提案した新しい税法を承認して協力していこうというグループと、あくまでも新しい税法を

中世マインツ中心街の賑わい

拒否してマインツを立ち退き、ツンフトが破産するのをじっと待とうというグループであった。

一四二八年一〇月一日、穏健派は新しい税法を承認したが、発明者の兄はこのグループに属していた。一家の長として、亡命という運命には耐えられなかったのであろう。いっぽう弟のグーテンベルクのほうは強硬派に属していて、このときもマインツを離れている。そしてその一年少し後の一四三〇年一月一六日の文書には、すでにグーテンベルクがマインツに不在のため、彼に対する終身年金が半分に減額されるという通知を、やむなく母親が承知せざるを得なくなった事情が記されているのだ。

この後十数年間にわたってグーテンベルクはマインツから姿を消すことになったわけである。その間のマインツ市の財政状況に目を向けると、さまざまな施策にもかかわらず、その収入は年々減少していった。一四三六年には累積債務の利子だけで、収入の七六パーセントにも達していた。そのために市を警護する傭兵を、わずか六人から一〇人程度しか雇うことができないという状況に追い込まれていた。そして翌一四三七年には市の支払い不能が宣告された。最も重要な債権者であった周辺諸都市の代表者に対して、市の会計簿が公開された。また、債権者の了解のもとに、すべての利子や終身年金は半額にされた。

こうした成り行きを見ていた都市貴族の強硬派たちは、市財政の破綻《はたん》はツンフト派の破綻であるとして反撃に出て、彼らの古い特権を再び取り戻した。マインツを逃げ出した者たちも市外の所有地で生産した彼らの農産物を無税でマインツに流し、売ることが許されたのだ。こうしたことを保証する文書には、ツンフトの代表たちの署名が見られる。都市貴族は、ツンフトに対して確かに勝利を収めたのではあったが、このときすでに都市共同体マインツは衰退しはじめ、崩壊へと向かいつつあったのだ。

一四二九年から一四三四年まで――不確かな五年間　一四二九年以降グーテンベルクがマインツにいなかったことは確かであるが、この間彼がどこにいたのかを記した記録文書はまたもや存在しないのである。後の活版印刷の発明者はいったいどこにいたのであろうか？　フランクフルト、ニュルンベルク、エアフルト、ケルン、アムステルダム、ゲント、パリあるいはアヴィニヨンといった当時の都会で暮らしていたのだろうか？　しかしこれらの町で、金細工師として仕事をするのは確かに困難であったろう。これらの都市のツンフトはたぶん彼に労働許可を与えなかったであろう。とにかく彼を取り巻く社会的状況は不安定であった。それが彼をひとつの冒険へと駆り立てたのだった。確かなことはわからないが、この間どこかで金属加工に類した経験を積んでいたものと思われる。

一般にグーテンベルクの研究書はこの期間についても飛ばしているのだが、ここでもアルベルト＝カプルの大胆な推測にしたがって想像をたくましくすることにしよう。この研究者は当時の政治的・精神的状況との関連からグーテンベルクの動きを推定しているのだ。当時のヨーロッパとりわけドイツにとって大きなできごとであったバーゼル宗教会議（一四三一―四九）との関連から、ライン川上流のこのスイスの町バーゼルに発明者が一時滞在していたのではないかと、カプルは推測しているわけである。

このことを理解するためには、当時のドイツとローマ教皇権力との関係についてみておく必要がある。ドイツ皇帝にとっても、ドイツの諸侯にとっても、そしてまた一般のドイツ人にとっても、ローマ教皇はこのころになってもなお大きな宗教的権威であったばかりではなく、カトリック教会の支配システムを通じて大きな重荷となっていた。ドイツ皇帝との厳しい対立や確執、あるいは教皇座の危機や教会分裂といった事態もみられたが、バーゼル宗教会議に先立つ時期は総体として教皇権力が再び強化された時期であった。こうした流れに乗って教皇はドイツの世俗政治に絶えず介入していた。枢機卿会議で選ばれた修道院長、司教、大司教は教皇に対して聖職録取得納金を支払わなければならなかったが、それは彼らの年収のほぼ半分にも相当していた。そのほか一〇分の一税、祭壇前帳、上納金、免罪符収入などのかたちで、さまざまな金がドイツからローマへと流れていたのだ。当時ローマ教会は世界最大の資本家だった。

一四一四年から一四一八年にかけて開かれたコンスタンツ宗教会議においてマルティン五世が教皇に選ばれたが、この教皇は自分の絶対的権力を保持しようとして、教会に関するあらゆる改革に消極的であった。しかし王権を強めていたフランスでは、すでに一四〇八年にローマに対する上納金、聖職録取得納金、一〇分の一税などの支払いを拒否していた。ドイツにおいても、皇帝に対してその地位を強化していた諸侯たちは、国内の事柄への外国の干渉や影響力の増大をはねのけようと努力していた。

マインツやその周辺では、聖職者や市民たちがさらなる教会改革への決議を求めて、新たな宗教会議の開催を要求した。諸侯たちは、全体的な宗教会議の招集が無理ならば、ドイツ国内の宗教会議の開催を迫った。こうした情勢のなかで一四二九年半ば、都市内部の争乱が頂点に達していたマインツに、新たな宗教会議がバーゼルで開かれるであろうという最初のうわさが流れた。その際マインツの人々は、強い関心とある種の羨望の念をもってバーゼルの町を眺めたのであった。それは宗教的というよりはむしろ経済的な関心からだった。この時代の宗教会議には、各地から大勢の聖職者や王侯貴族たちが集まり、これを開催する町には活発な商取引と豊かな収入を約束していたからである。これに先立って開かれたコンスタンツ宗教会議には、二教皇の代理、枢機卿をはじめとする高位の聖職者、神学・法学の教授、おびただしい数の諸侯、貴族、全カトリック国王の使節のほか、馬丁、従者、道化師、娼婦までが集まって、空前の盛会だったといわれる。何しろこの記憶が冷めやらない時期であったから、バーゼルの町は開催に先立って、多くの教会や家々が化粧直しをするはずであった。そのために塗装工、工芸家、金細工師、じゅうたん職人、筆写生などが必要とされていた。中世の宗教会議は、まさに今日の世界サミットやオリンピックといった感じであったのだ。

そのうえ宗教会議の経済的基盤を確かなものにするために、バーゼルに帝国造幣所を設立する計画すらあったのだ。当時ツンフトに追い立てられ、マインツを離れなければならなかったグーテンベルクにとって、これは大きなチャンスではなかったのか？　しかし残念ながら、彼が帝国造幣所で働いていたことを立証する資料は存在しない。とはいっても当時バーゼルに存在した手工業職人の組織「天国のツンフト」の会員になっていた可能性はある。これは塗装工や工芸家の組合として、仕事の注文を取って会員に分け与えていた組織であった。この「天国のツンフト」は、後にグーテンベルクがシュトラースブルクでつくり上げた印刷のための共同体の組織形態にとてもよく似ているからである。

もうひとつ彼のバーゼル滞在を推測させる大きな要因は、次に述べるニコラウス＝フォン＝クースという人物との関係なのである。

クースとグーテンベルクとの関係

ライン川の支流にモーゼル川があるが、フランスに発するこの川がライン川に合流する少し手前に、ベルンカステル－クースという場所がある。ここは有名なモーゼルワインの産地のひとつであるが、このクース出身のドイツ人で、後に枢機卿にまでなった人物がこれから紹介するニコラウス＝フォン＝クース（一四〇一―六四）である。

彼は教会改革運動の指導者の一人としてバーゼル宗教会議の初期に活躍するのであるが、このグーテンベルクと同世代の人物と印刷術の発明者との緊密な関係から、彼のバーゼル滞在が導き出せるわけである。アルベルト＝カプルはさまざまな論拠から二人の関係について推測しているので、本書でもこれについてかなり詳しく取り上げていきたいと思う。

クースは宗教会議の議長および教皇の代理人に宛てた書簡のなかで、教会衰微の原因、多くの聖職者の傲慢さ、修道院の華美・贅沢《ぜいたく》ぶりについて述べている。彼の考えによれば、聖職者というものは高い教養を身につけ、謙譲と質素を旨《むね》とすべしというわけであった。さらに彼は統一したかたちでミサ典礼を実施すべきことを訴え、そのために『ミサ典書』の改革を志した。カトリック教会で司祭が儀式としてのミサを執り行う際のいわばハンドブックがこの『ミサ典書』であったが、当時行われていた筆写作業の過程で、しばしば書き間違いや文章の修正、あるいはテキストの故意の歪曲といった事態すら起きていた。そのためクースとしては統一的に編集し直されたミサ

ニコラウス＝フォン＝クース

典書をつくり、すべての教会や修道院に配布すべしという考えを抱き、表明したわけである。ただ彼のこの考えが、当時のカトリックの聖職者の間でどれだけ注目されたかは疑問である。結局は彼の改革の志《こころざし》は達成されないで終わった点をみても、マルティン＝ルターによって宗教改革の火ぶたが切られるまで、事態はほとんど変わらなかったようである。

ところがクースのこのアイデアは、同時代に生きた一人の男にひとつの永続的な印象を残したものと思われるのだ。この男とはもちろんグーテンベルクのことだが、彼が印刷術の発明とその実践の過程で最初に目指したことは、まさに均一した内容の『ミサ典書』を大量につくり出すことだったのである。

ニコラウス＝フォン＝クースとグーテンベルクとが接触していた可能性については、アルベルト＝カプルのほかにも何人かのグーテンベルク研究者が言及しているところである。カプルによれば、この二人はすでに一四二四年にマインツで知り合った可能性があるという。パドヴァ大学での勉学を終えたクースがマインツで法律の研究に携わっていたことは実証されている。

当時人口わずか五七〇〇人という規模の町で同年配の教養人が知り合った可能性は極めて高い。その後シュトラースブルク滞在中のグーテンベルクと、枢機卿に昇進したクースが出会ったことは十分考えられるし、発明者がマインツへ帰還した後はもっとその機会が多かったにちがいない。クースがマインツで泊まった家の主人ヨーハン＝グルデンシャープという都市貴族が、後にケルンで印刷所を設立したことも注目される。

この後のクースとグーテンベルクとの関係については、その時々の叙述の中でも随時触れていくが、さまざまな点から考えて、クースがグーテンベルクに対して印刷術の発明を促すような存在であったことは十分考えられると、カプルは主張しているわけである。そしてこの二人の交友関係が、すでに若いときからはじまっていた可能性についても示唆しているのだ。

いずれにしても一四二九年から一四三四年までの空白の五年間に、不安定な身分にあったグーテンベルクがただ終身年金だけをもらって、無為に歳月を過ごしていたとはとうてい思えない。この間、後の印刷術の発明者は金属技術の仕事に従事して、この分野ですでに傑出した専門家になっていたものと思われる。

第二章　シュトラースブルク時代

1　シュトラースブルク居住の直接の動機

遅くとも一四三四年にはグーテンベルクがシュトラースブルクに住んでいたことが、記録によって知られている。その後一一年間にわたって彼はこの町で過ごしているが、この間の彼の言動については、われわれは一八の記録文書によって知ることができる。この文書をもとにして、この時代のグーテンベルクについてみていくことにするが、その前に当時のシュトラースブルクがいったいどのような町であったのか、ざっと概観することにしよう。

一五世紀のシュトラースブルク

周知のようにこの町は、現在はフランスのアルザス地方のストラスブールである。この町がその後にたどった運命や現在の状況についてはここでは特に触れないことにするが、グーテンベルクが生きていた一五世紀には、ここはドイツ帝国内の有数の都会であった。一五世紀中ごろには人口二万五〇〇〇人を数え、ケルン、ヴィーン、ニュルンベルク、リューベックにつぐ都市であった。ニコラウス＝フォン＝クースの友人で、後に教皇ピウス二世となったエネア＝シルヴィオ＝ピッコロミニは、一四三〇年代にこの町を訪ねた印象を次のように記している。

「シュトラースブルクにはたくさんの運河があって、ヴェネチアの景観に似ている。そこに流れる運河の水は、塩を含み、臭い匂いのするラグーンより、はるかに快い。町には聖職者や市民の家々が建ち並んでいるが、そこには王侯貴族も住めるぐらいだ」

地図を見ればわかるように、シュトラースブルクの町は、ライン川の西の支流イル川に面しているが、当時はその二本の流れによってライン低地から島のように守られていた。そしてその楕円状の中央部には、グーテンベルクの時代にはすでに大聖堂がそそり立っていた。この華麗な三廊式のホール状教会堂は、数百年前から建築が続けられていた。そしてグーテンベルクがやってきたころに、高さ一四二メートルの北側の塔が完成したところであった。

　シュトラースブルクは、マインツ同様に商工業の盛んな町で、イル河畔の建物が水陸両用の貨物積み替え所となっていた。そこには二本の重い塔状のクレーンが立っ

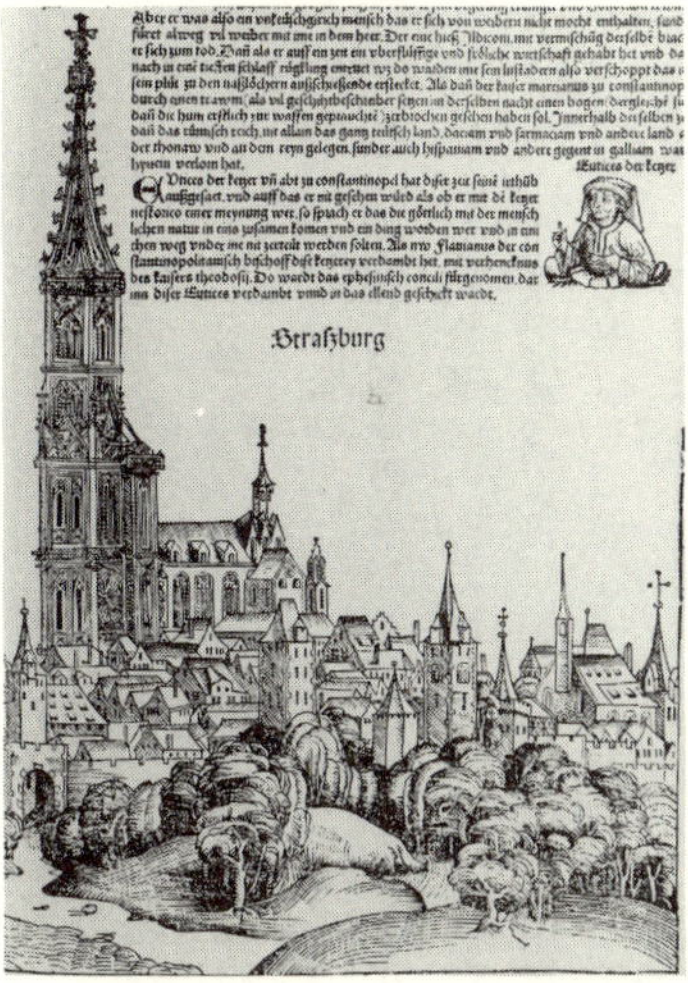

中世シュトラースブルク市街図

ていて、アルザス地方からの産品を平底船に積み込んだが、その船はそれらを載せてライン川の本流に出て行ったのである。この町の市民活動を象徴する建物としては、いろいろな飾りのついた市庁舎のほかに、古い造幣所の建物をあげることができる。これは一二八八年にこの町の市民が造幣の独占権を取得した後に建てられたものである。広々としたコルンマルクトの反対側には、華麗な鋸状胸壁のついた塔がそびえていたが、そのなかに都市の宝物や記録類が保管されていた。大きな市壁の背後には、飾りのついた市民の家々が、中心部とイル川の河畔に建っていた。こうしたいわゆる木組みの家は、今でもシュトラースブルクの旧市街に建ち並んで、観光客の目を楽しませているのである。

このシュトラースブルクにも、当時マインツと似たような争いが起きていた。都市貴族との激しい闘いの後、一三三二年にツンフトは共同決定権を獲得し、やがて市参事会で重きをなすようになった。そして大司教から帝国直轄都市の権利を認められた後、修道院を市壁の外に追い出した。一三九〇年、帝国からの追放令が出され、国王、司教、都市貴族ほかの連合軍が町を包囲したが、市民はこの町の防衛に成功したのであった。

このとき以来ここは小さな都市共和国へと成長し、周辺の村々を併合して一段と強固な体制を固めるようになった。そしてすでにそのころから、アルザス地方の客のもてなしのよさ、アルザスの料理、アルザスのワインはよく知られていた。

年金をめぐる争い

グーテンベルクがこのシュトラースブルクに住むようになった直接の動機は、例の終身年金に関連してのことであった。一四三三年に彼の母エルゼが亡くなり、その遺産は兄フリーレおよびその妻、姉エルゼおよびその夫フィツトゥームならびに独身のヨハネスに与えられることになった。この結果兄のフリーレは一時就任していたマインツ副市長の職を辞し、エルトヴィルの大きな屋敷へ引っ込んだ。そして義兄のフィツトゥームと姉のエルゼはマインツ市内のグーテンベルク屋敷に住むことになった。

ヨハネスは家屋敷を放棄して、年金のかたちで遺産を相続した。その過程で、それまでシュトラースブルクで兄フリーレが引き出していた年金も、遺産調整分として弟ヨハネスに与えられることになったようだ。この年金の受取地がシュトラースブルクだったというのが、彼がここに住むようになった直接の動機だったのだ。

とはいってもヨハネスはこの年金をすんなりと受け取れたわけではなかった。当時マインツの市政をぎゅうじっていたツンフトは、対立する関係にあったグーテンベルクに対して、年金の支払いを拒否したからであった。そのためグーテンベルクはこのことを通知しにやってきたマインツ市の文書官を捕えて人質にとるという強行手段に訴えたのであった。そしてこの文書官ニクラウス＝ヴェーアシュタットから年金支払いの言質をとったうえでマインツ市に宛てて手紙を送り、その旨《むね》を通知している。この手紙は現存しているので、その一部を次に引用することにする。

「……それゆえ私はマインツ市文書官ニクラウス＝ヴェーアシュタット氏を捕らえさせた。この者は私のものである三一〇ライングルデンを、聖霊降臨祭までにオッペンハイムのツム－ランプアルテン屋敷にいるわが従兄弟のゲルトゥスに手渡すことを約束した。私はまた、この手紙によって、シュトラースブルク市長および市参事会が私に助言してくれたこと、そして彼らのために市文書官のニクラウス氏を釈放し、三一〇グルデンから放免したことも告げるものである。

一四三四年聖ゲオルゲの日（三月一四日）の後の日曜日」

ここではグーテンベルクは自分の権利を守るために果敢な動きをみせて要求をのませたが、その後はシュトラースブルク市の役人や友人の勧めにしたがって、文書官を釈放するという柔軟な外交的配慮を示したのであった。グーテンベルクがシュトラースブルクで市参事会の有力メンバーだったツンフトと友好関係にあったことが、マインツ市のツンフトが彼への年金支払いを受け入れた大きな要因だったといえよう。この六週間後には再びマインツ市からグーテンベルクに対して、遺産相続に関連した追加の年金支払いの通知が届いている。こうして後の印刷術の発明者のシュトラースブルクでの生活の経済的な基盤が保証されることになったわけである。このとき示されたグーテンベルクの機敏でかつ慎重な動きは、大勢の人をまとめて書物の印刷という新しい大事業に取り組むことになる人物の、オーガナイザーとしての大きな資質の端緒を示したものとみることができるだろう。

また、後の巨匠（＝グーテンベルク、以下同）がワイン好きだったことも知られている。このことはワイン税に関する台帳に記されている次の言葉から推測される。

「グーテンベルクは一・五フーデルと六オームのワインを保管していた。彼に課せられるべき税金は一二プェニヒを除き、一四三九年のマルガレーテの日の前の木曜日に支払われた。……」

このことから一四三九年には、この若者の家には二〇〇〇リットルを越すワインが保管されていたことがわかるのである。こうした大量のワインを一人で飲むことはとうてい不可能であったから、しばしば客を招待して杯を傾けていたことが想像されるのである。

グーテンベルクは結婚していたのか？

グーテンベルクははたして結婚していたのか、そして子どもがいたのだろうか？　こうしたことについて記した記録文書は一切存在しない。それにもかかわらず、昔からエネリンという女性との関係について記した文芸作品は数多く存在する。

戦前『黒い魔術――ある発明家の運命』という題名で翻訳されたギュンター＝ビルケンフェルト

の伝記小説では、この女性をもって婚約者としていろいろなロマンスを展開しているが、これは事実ではない。しかしこうした文芸作品がまったくのでたらめだったというわけではなく、ある種の不確かな資料をもとにして、とっぴで極端な想像をたくましくしたものとみるべきであろう。そのもとになったものは、シュトラースブルクのあるグーテンベルク研究者の発表であった。彼はこのエネリン嬢の母親が結婚の約束破棄のために、一四三七年、司教の法廷にグーテンベルクを訴えたことを記したメモ書きを読んだと発表したわけである。このメモ書きはシュトラースブルク市文書館に保管されているものであるが、この女性との婚約の具体的ないきさつなどについてはまるでわかっていない。

アルベルト＝カプルは、「たぶんグーテンベルクとエネリンは知り合いであったと思われるが、何か重大な理由がこの女性との結婚を妨げたものとみられる」と書いている。

ここではこの件についてはこれ以上深入りすることはやめにするが、グーテンベルクは以後、結婚して家庭をもつ、といったことは一切なかったのである。

2　シュトラースブルクでの仕事

グーテンベルクは、シュトラースブルクでいったい何をやっていたのであろうか？　彼は郊外の聖アルゴバストに小さな家を借りて、使用人のローレンツ＝バイルデックとその妻とともに住んでいた。この女性は二人の男のために家事をつかさどり、料理をしていた。

救済用手鏡の製造

一四三七年ごろからグーテンベルクは、金持ちの市民アンドレアス＝ドリッツェーンに研磨の仕事を報酬を取って教えていた。グーテンベルクはそうした技術をこのころまでに習得していたことがこれからわかる。一四三八年の初頭、彼は近郊リヒテナウの代官ハンス＝リッフェと、ある共同事業に関して取り決めを結んだ。先のドリッツェーンおよびアンドレアス＝ハイルマンもこの仲間に加わった。彼らはこの共同事業を通じて、次回のアーヘン大救済巡礼行に関連して、巡礼たちに売るための手鏡をつくろうとしたのである。

オランダとの国境にあるドイツ最西端の町アーヘンは、カール大帝がその居城を定めて以来発展し、代々ドイツ皇帝の戴冠式がその大聖堂で行われていた。そして一二三八年以降、そこに保管さ

救済用手鏡のレリーフ

れた聖マリアの衣装など四つの聖遺物のために巡礼行が行われ、各地から大勢の信徒が押しかけたのであった。その際救済用の手鏡が聖遺物の奇跡的な力を集めて蓄えるものと信じられ、巡礼者に売られていた。金属の枠のついたこの凸面鏡は、祝福をもたらす光を吸い込んで蓄えるため、家に持ち帰ると家族の者や病気の牛の治療に効果があると信じられていたわけである。

　この救済用手鏡の実物は現存していないが、教会の鐘の表面に描かれた図柄からそれを知ることができる。この手鏡は写真で見るようなかたちをしていて、高さ約一〇センチ、幅約六センチ、材質は鉛と錫《すず》の合金でできていた。写真の図柄の中央に見える小さな輪が、光を吸い込む鏡の部分なのである。つまりこの輪の中に小さな凸面鏡がはめ込まれていたのだ。写真に見るレリーフは、鐘の表面にハンダづけされたものである。

　ここで重要なことは凸面鏡のほうではなくて、枠の素材となっていた鉛と錫の合金のほうである。これこそは、グーテンベルクが印刷に取り組んだ際に鋳造した活字の材料だったからである。印刷術発明への技術的な前提のひとつが、こうして手鏡製造というかたちをとって、ひそかに準備されていたのである。

手鏡の製造はもともとアーヘンの金細工師が行っていたのであったが、製造がまにあわずに外部の業者にも頼んでいたわけである。これを知ったグーテンベルクがその製造に乗り出したものであるが、その際彼は、前述した共同事業のかたちでそれをやろうとしたのだ。それはやや独特な生産協同組合ともいうべきものであった。そこではそもそものアイデアと製造技術を提供したグーテンベルクが利益の半分を、ハンス＝リッフェは四分の一を、そしてアンドレアス＝ハイルマンとアンドレアス＝ドリッツェーンの二人はそれぞれ八分の一を受け取る契約が結ばれた。手鏡の値段は一個につき半グルデンであり、その見積もり個数は三万二〇〇〇個だったので、全部売れた場合の売り上げは、一万六〇〇〇グルデンになるはずであった。そしてグーテンベルクは八〇〇〇グルデン、リッフェは四〇〇〇グルデン、残りの二人はそれぞれ二〇〇〇グルデンを手にするはずであった。手鏡そのものはかなり短期間のうちに完成したものらしい。

　ところが巡礼行が二年先に延期になってしまったため、つくった鏡は当分の間保管されることになり、利益のほうもしばらくはお預けとなったのであった。もちろんグーテンベルクはこの手鏡製造を生業としようとしたわけではなかった。それはこれから述べる、ある秘密の事業に対する予備的な作業であったとみるべきであろう。

新たな秘密の事業

手鏡製造が終わった後、あるいはすでに並行してグーテンベルクは新たな事業に取り組んでいた。それは当時人に知られては困る、ある新しい技術ないしは発明を、手鏡製造のときにやったような協同組合方式で生み出そうとするものであった。後の発明者から秘密の術を教わろうとしていたアンドレアス＝ハイルマンとアンドレアス＝ドリッツェーンは、授業料を払うかたちで助手の役割を務めたことと思われる。それに加えて、今度はコンラート＝ザスパッハという男が圧搾機を組み立て、金細工師のハンス＝デュネが鋳型を彫る仕事を委託された。さらに材料としての金属が購入された。これらのためにグーテンベルクは資金を必要としていたが、一四四〇年にアーヘン大救済巡礼行が終わったときには、予定していた売り上げが彼の懐《ふところ》に入ってきた。新しい事業は順調に進んでいくようにみえた。

ところがこれに先立つ一四三八年の暮れに、協力者の一人であったアンドレアス＝ドリッツェーンがペストで死んでしまい、かわってその弟のイエルク＝ドリッツェーンが、もう一人の兄弟と一緒に協同組合に入れてくれるように要求してきた。しかし、事業の秘密が漏れることを心配したグーテンベルクはこの申し出を断った。これに対してイエルク＝ドリッツェーンは、シュトラースブルクの裁判所に訴えを起こしたのだった。

このときの裁判の記録がヴェンクラーとシェプリンによって一七六〇年に発見されている。このオリジナルの記録はその後の戦火で消失したが、信頼できる写しのかたちで今も残っている。裁判には被告のグーテンベルク側の証人が一四人、原告のドリッツェーン側の証人が二二人登場したといわれるが、現在残っているのは原告側の証人一三人、そして被告側の証人三人の証言と判決文だけである。

とはいえこれらの記録だけでも、当時グーテンベルクが従事していた秘密の事業がいったいどんなものであったのかを推測させる、かなり十分な素材をわれわれに提供してくれているのだ。何しろ発明者自身は、自分のやったことに関して何一つ記録を残していないので、彼の生涯とその業績を調べるにあたっては、こうした公の記録類に頼るしかないのである。

アルベルト゠カプルはこの裁判記録を分析して、グーテンベルクの当時の活動を再現しているので、以下その模様を紹介することにしよう。彼はこれらの証言や一四三九年一二月一二日に出された判決文を、わかりやすい現代ドイツ語に書き替えて再録した後、その分析を行っている。それによるとこの判決文によって、後の発明者がすでに一四三六年以降秘密の術に取り組んでいたことが明らかになったという。その根拠としてあげられているのは、グーテンベルクの協力者で金細工師のハンス゠デュネの次のような証言である。「私は約三年前に、もっぱら印刷という仕事によって、グーテンベルクから一〇〇グルデン稼いだのです」。

このことからわかることは、すでにこのときにはグーテンベルクが秘密の事業をはじめていて、その資金稼ぎとそのための準備事業として協同組合方式で手鏡製造に取り組んだということである。

この仕事のやり方は、当時のドイツではなお新しいものであったが、マニュファクチャー生産や蓄えにもとづく商品生産が行われていたイタリアの方式にならったものとみられている。この資本と労働能率と発明のアイデアの三つを結集した共同事業という組織形態こそ、後に彼が活版印刷術の発明と実践の際に用いたやり方そのものであり、その原初的なものが手鏡製造で示されたというべきであろう。

次に注目すべきことは、この裁判の証人がそろって自分たちが従事していたことについて、「技術と冒険」とか「技術と発明」といったあいまいな言葉で表現していたという点である。つまりグーテンベルクや仲間たちはその秘密を外部に知られないために、裁判に勝つための必要最小限度のことしか供述しなかったと思われるのだ。これは当時は一般に「印刷術」が魔術かそれに類したこととみなされていたため、その発明を周囲から妨害されないための防御策だったと考えられる。現に「印刷術」は、ドイツ語では長いあいだ「黒い魔術」とか単に「魔術」と呼ばれたりしてきているのである。

秘密保持にはグーテンベルクはとても気を使っていて、アンドレアス＝ドリッツェーンの死亡にともなって秘密の術が仲間以外に漏れるのを防ぐために、アンドレアスが圧搾機の中に残してきたものを使用人にわざわざ取りに行かせ、あわせてこの機械の解体すら指示しているのである。このことは証言にも何度も出てくるのだが、けっきょくこのあるものはすでに消え失せてしまっていたという。そして圧搾機や活字などは原告のイエルク＝ドリッツェーンに取られてしまったのである。後にシュトラースブルク市の副市長の一人となったこの人物は、争い好きで自己本位の人間だったようだ。ここに出てくる圧搾機が何を意味するのかということについてもいろいろ言われてきたが、いまではこれが印刷機であり、圧搾機の中にあったものが組み版だということで、おおむね研究者の見解は一致している。

第三に重要な点は、マインツから転入してきた、いわば新参者にすぎなかったグーテンベルクに対して、名望あるシュトラースブルク市民が示した絶大なる信頼の念である。このことは、その資金提供者や仕事仲間に対してグーテンベルクが示したであろう優れた技術の腕前によってのみ説明できるものなのである。彼はすでにシュトラースブルクで名誉ある地位についていたと思われるが、それはいくつかの技術を習得していたマイスターとしての評判によるものであったろう。証言によって、彼が当時三つの仕事に従事していたことが明らかにされている。

その第一は宝石の研磨の技術、第二は前述の手鏡の製造技術、そして第三が「冒険と技術」とか「事業」といったあいまいな表現で呼ばれてはいたが、研究者の多くによってすでに印刷術だとみなされているものである。

裁判そのものは、イエルク＝ドリッツェーンに対してグーテンベルクが一五グルデンを支払うことで決着をみた。この裁判でグーテンベルクは弁償金を払わされたり、印刷に関連していたと思われる機械や器具類を取られてしまったりしたが、全体としてみればこれらの損失は軽微なものであったといえるだろう。ただし金銭をめぐって関係者の一部から恨みを買うというマイナス面は残したが、同時に当時の財政・法律面に通暁した人物として、また弁舌さわやかで、自己弁護にたけた経験豊かな商売人として、シュトラースブルクの名望ある人々の間ではその地位を確立してもいたのである。

シュトラースブルクでの印刷事業

グーテンベルクはすでにシュトラースブルクにおいて、その共同事業を通じて、各所に拠点をつくり、必要な人材を配置していたことがわかる。まずグーテンベルクが住んでいた家には活字鋳造所があったものと思われる。その際、前述した金細工師のハンス＝デュネが鋳型を彫る作業を手伝っていたと想像される。ただ手動の活字鋳造具はまちがいなくグーテンベルク自身が所持していたといえる。第二に印刷機は、証言でも述べられているように、アンドレアス＝ドリッツェーンの家に置かれていたが、これが収用された後は、別のところに印刷工房が建てられたはずである。第三に植字作業所は市内の別の家にあった。このように各作業所が離れ離れにあったことは確かに不便ではあったが、秘密の保持という点でかえって勝っていたというべきであろう。

先のシュトラースブルク裁判は、グーテンベルクの生涯にとってひとつの重要なできごとではあった。しかしこれを乗り越えて彼の事業はさらに進められたのである。その事業のために、一四三九年に新たに五年の有効期間を持つ契約が結ばれた。そして新しい場所に、それまでより大型で、質のよい印刷機が組み立てられて設置されたものと思われる。さらに以前より大量に羊皮紙や紙が購入され、新しい活字の鋳造のために大量の鉛、錫《すず》、アンチモンなどが運ばれてきたはずである。そしてこれらのために多額の資金も必要だったと思われる。

一四四二年一一月一七日付の文書によれば、グーテンベルクは聖トーマス教会において、八〇ディナールの借款を受け取っていることがわかる。その際義理の伯父ヨーハン＝レーマイアーの年金一〇ライングルデンが抵当に入れられ、五パーセントの利子支払いが記されている。これは当時としてもかなり高い利率であった。保証人にはシュトラースブルクのマルティン＝ブレヒターがなっているが、この人物は共同事業の新しい協力者だったと思われる。後の発明者はこの利子を数年間にわたって支払い続けた。そしてこの文書から、従来住んでいた郊外の聖アルゴバスト地区から、聖トーマス教会地区へと移り住んだことがわかる。

この時代のその他の協力者ないしは交友した人物については推測するほかないのであるが、こうした人物として、後にシュトラースブルクの初期印刷者として名をなしたヨハネス＝メンテリンとハインリヒ＝エッゲシュタインをあげることができよう。

メンテリンは当時聖トーマス教会近くのドンネル小路に住んでいたが、助手としてグーテンベルクの仕事を手伝い、彼のマインツ帰還に際してはこれに従い、活字鋳造・飾字製作に従事したものとみられている。その後師匠とフストとの関係が破綻《はたん》をきたしてからシュトラースブルクに戻り、自ら印刷所を設立したといわれている。エッゲシュタインのほうは、聖職者で司教の国爾保管職だったが、一四五五年にこの地位を捨てて、マインツのグーテンベルクのもとで印刷技術を習得したものとみられている。そしてその後一四五八／五九年に、先のメンテリンと一緒にシュトラースブルクで印刷工房を営むことになったのである。

活版印刷術発明の時期

まず何をもって発明の時期とするのかという難しい問題がある。グーテンベルクは活版印刷術の完成を目指して、長期にわたって努力を重ねていたわけであるが、先の裁判での証言にあるように、彼はすでに一四三六年には印刷の仕事に携わっていたことがわかる。それがどの程度のものであったのかはわからないが、その後試行錯誤を重ねて裁判の判決文が出た一四三九年一二月ないしはその少し後に、最初の印刷物を世に出していたものと推測されている。

後世の人は書籍印刷術の発明に関してじつにさまざまなことを記しているが、『ケルン市編年史』は、「書籍印刷術はシュトラースブルク出身のヨハネス＝グーテンベルクによって一四四〇年マインツにおいて行われ、一四五〇年までには完成していた」ことを伝えている。また、メテオ＝

パルミエロという人物はすでに一四八三年に、「書籍印刷術は一四四〇年にヨハネス＝グーテンベルク＝ツム＝ユンゲンによってマインツで発明された」と主張している。

さらにヤーコプ＝ヴィンプェリングは、一五〇五年に書かれた書物の中で、「ヨハネス＝グーテンベルクは一四四〇年にシュトラースブルクで書籍印刷術を発明し、後にマインツで完成させた」と記している。

われわれは一四四〇年にはグーテンベルクがまだシュトラースブルクに滞在していたことを知っているので、「書籍印刷術はグーテンベルクによってシュトラースブルクで一四四〇年に発明され、マインツにおいて一四五〇年頃までに完成していた」とみるのが妥当なようである。

次に初期に印刷された具体的な作品と、その時期について考えてみることにしよう。

初期の習作

グーテンベルクの最初の活字によってつくられた印刷物の研究で多大な貢献をしてきたゴットフリート＝ツェートラーによれば、巨匠がまず取り組んだ印刷物は、一般に『ドナート』または『ドナトゥス』と呼ばれていた小型のラテン語文法書であったという。これはアエリウス＝ドナトゥスという人物によって編纂《へんさん》されたラテン語の教科書兼辞書で、それまでヨーロッパで最も頻繁に筆写されていた書物であった。この二八ページほどの小さな作品のために、グーテンベルクが鋳造した最も古い活字である「ドナトゥス‐カレンダー活字」（一種のゴチック文字で、DK活字と略称）が用いられている。彼がマインツに移ってからも引き続き印刷が続けられたが、シュトラースブルク時代（一四三四―四四年）には四種類の異なった版が印刷されたという。この本は当時のベストセラーで大きな需要が見込めたためにどんどん印刷が続けられたのであろうが、この第一の『ドナトゥス』と第二の印刷物との間の時期に、まったく性質の異なるものが印刷されたことをツェートラーは論証している。

この印刷物は当時の政治・社会あるいは文化情勢との関連で興味深いものなので、これについてのアルベルト＝カプルの叙述を紹介することにしよう。一八九二年、マインツ大学の会計簿の革製表紙の中に、九×一二・五センチの一枚の紙片が発見された。その表と裏には、それぞれ一一行ずつグーテンベルクの最古の活字で文字が印刷されていた。行がふぞろいで印字に強弱がみられることの未熟な印刷物を目にしたとき、当時の研究者は、それがそれまで立証できた最古の活字による印刷物であろうと推測した。

この見解はその後、グーテンベルク研究の第一人者とみなされているアロイス＝ルッペル博士によっても支持されている。これらの欠点は活字の鋳造や印刷の際に、なお困難な状況があったことをうかがわせるものである。

内容は中高ドイツ語で書かれた詩で、聖書の「最後の審判」に関するものであったことがわかり、『最後の審判に関する断片』と呼ばれるようになった。後になってこれが「ジビュレの予言」と言う詩の抜粋であることが判明した。ゴットフリート＝ツェートラーは活字を詳細に検討した結果、第一と第二の『ドナトゥス』の間の時期に印刷されたものであることを論証した。そのうえで、連続した『ドナトゥス』印刷を中断してグーテンベルクがこれを印刷した意図について考えた。そして「ジビュレの予言」のテキストの中で、皇帝フリードリヒの再来についての古い予言が重要な役割を果たしていることを発見した。

つまり一四四〇年二月二日、ドイツ皇帝に選ばれたフリードリヒ三世に対して、かつての伝説的な皇帝フリードリヒの再来を期待する声が当時のドイツで一般にあり、その反映として「ジビュレの予言」が人々の間で話題になっていたという。この詩の中には、聖職者の不当な干渉への批判、社会的公正への願い、聖地をトルコから解放することへの願いなどが書かれ、そうしたことを皇帝フリードリヒが果たしてくれる、という熱い期待を人々が抱いていたというのだ。そしてツェートラーは、「このグーテンベルクの印刷物は、印刷術発明者が人々の生活から遠ざかっていたわけではなく、どのようにして大衆の興味に対応したらよいか、彼がよく知っていたということを示している」と、述べている。

しかし実際のフリードリヒ三世はドイツ帝国の人々のことは意に介さず、ハプスブルク王朝の利害ばかり考えて行動したため、やがてこの皇帝へのドイツ人の期待はすっかり冷めてしまったという。一四四四年には、乱暴なことで知られたアルマニャック傭兵《ようへい》を皇帝がドイツの各都市に呼び寄せたため各地は荒廃してしまい、この時期には、人々の皇帝に対する期待はすでに失望と恨みに変わっていたという。そのためグーテンベルクがこの時期になって「ジビュレの予言」を印刷したとは考えられず、けっきょく一四四〇年から一四四四年以前の時期に印刷されたものであろう、とツェートラーは結論づけている。

第四章　マインツへの帰還

1　新たな出発

空白の四年間（一四四四―四八）

一四四三年にグーテンベルクの姉エルゼについての最後の言及が残されているが、この姉はおそらくこの年に死亡したものとみられる。そしてグーテンベルク自身は、おそらく一四四四年末にシュトラースブルクを離れた。しかしただちに故郷のマインツに戻った可能性をカプルは否定している。というのは当時マインツ市の行政をめぐって再び都市貴族とツンフトの対立が激化して、都市貴族が市を退去させられた時期であったからだという。後の発明者が一四四四／五年ころマインツへ戻ったとする説もあるが、アルベルト゠カプルは一四四八年に帰還したと述べている。

ここではこの説にしたがって叙述を進めていくが、巨匠がシュトラースブルクを離れることになった直接の動機についても、はっきりしたことはわからない。前述したアルマニャック傭兵によってシュトラースブルクが略奪を受けた際に、彼も被害をこうむったことが考えられる。それでなくても「ジビュレの予言」を印刷して、新皇帝フリードリヒ三世への世の人々の期待に応えようとしたのにそれを裏切られ、さらに被害すら受けたとなって、彼の心にこの皇帝への憎しみの気持ちが生まれたことも、退去へのきっかけとなった可能性もある。

いずれにしてもすべて憶測にすぎないが、一四四八年まで巨匠がどこにいて何をしていたのかについて、カプルは次のような推測を展開している。

まず第一にアーヘンの次の巡礼行が一四四七年に行われたことを考えて、以前成功を収めた救済用手鏡製造に再び従事していた。その際資金提供者として依然として共同事業の仲間に加わっていたとみられるハンス＝リッフェが住んでいたライン右岸の小さな町リヒテナウに、数年間にわたって仕事場が置かれていた。そして使用人のローレンツ＝バイルデックと経験豊かな圧搾機の製造者コンラート＝ザスパッハも一緒に仕事をしていた。このライン右岸の土地がアルマニャック傭兵隊からは安全であったことも、この推測を強固なものにしている。巨匠が手鏡製造に従事したのは、印刷の仕事をさらに発展させ、完成の域に近づけるためにはさらに大きな資金を必要としたので、そのための資金稼ぎが目的であったという。その結果一四四五年と翌四六年に多くの鏡が製造され、四七年にはアーヘンで販売された。

次にこの期間にグーテンベルクは、木版印刷の先進地オランダのハールレムを一度ならず訪れて、木版本製作の技術などに関する情報を収集していたことも考えられるという。オランダでどんな内容の本が印刷されているのか、紙の状態はどうなのか、そして本はどのように販売されているのか、といったさまざまな情報を巨匠が集めていた可能性があるとみられている。活版印刷術に対するアイデアをそこで得たわけではないにしても、こうした情報収集活動は広い意味で当然役に立ったはずである。

このような準備期間の後に、いよいよ自分の生まれ故郷で本格的な印刷の仕事に取り組むことを考えたものと思われる。そのために何度か故郷の町を訪れて、そこでの仕事再開の可能性を探ってから、一四四八年になってマインツへの帰還を決行したのであろう。なぜなら一四四八年一〇月一七日には、マインツで遠い親戚の一人アルノルト＝ゲルトゥスが用立ててくれた一五〇グルデンの金を借りていることがわかっているからである。

マインツでの仕事の再開

グーテンベルクが生まれ故郷の町マインツを離れたのは一四二九年で三〇歳前後の青年であったが、それから二〇年近く経った一四四八年に故郷に帰ってきたときには、すでに四八歳前後になっていた。活版印刷術の原理をすでに発明し、その共同事業体においてラテン語の教科書『ドナトゥス』などの印刷・刊行は軌道に乗っていた。しかしそこで使用された最初の「ドナトゥス‐カレンダー活字」（DK活字）は、そのでき上がった作品から判断して、まだまだ未熟で不完全なものだったといえよう。そのことは巨匠自身が一番よく知っていて、印刷に関連したすべての工程で改善へと向けてさまざまな努力がさらに続けられていったことと思われる。完全主義者であったグーテンベルクの自らの技術の完成へ向けての歩みは、故郷の町で本格化するのである。

発明者がマインツに住んで仕事をしたのは「グーテンベルク屋敷」においてであった。この屋敷を遺産として相続する権利を持っていたのであるが、彼はその遺産を年金というかたちで受け取り、屋敷への居住はそれまで放棄していたわけである。そしてここには義兄のクラウス＝フィツトゥームが住んでいた。その妻であった実姉はすでに亡くなっていたが、もともと仲のよかった義兄からヨハネスに対して屋敷への居住と、その中に印刷工房を建てることが許可された。こうしてマインツでの最初の印刷所が「グーテンベルク屋敷」に建設されたのだった。

前述したゲルトゥスから用立ててもらった一五〇〇グルデンの金も、この印刷工房建設の費用であったと思われる。すでにシュトラースブルクでの共同事業方式による印刷の実績があったため、この遠い親戚も安心して五パーセント利子付きの金を他人から借りて融資してくれたのであろう。この屋敷は十分広く、シュトラースブルクに比べて空間的な条件でもずっと有利であった。印刷工房だけではなくて、そこには紙、羊皮紙、活字の材料となる鉛などの金属、インクその他を収容しておくだけの倉庫をつくることができた。

巨匠と一緒に使用人のローレンツ＝バイルデックおよびその妻もマインツにやってきて、屋敷内に住んだものと思われる。また、圧搾機組み立ての経験豊富なコンラート＝ザスパッハもここで新しい印刷機を組み立てたのであろう。さらにハーナウ出身のハインリヒ＝ケッファーおよびベルトルート＝ルッペルが協力者となっていた。そしてシュトラースブルクの初期印刷者ヨハネス＝メンテリンも、一時期ここで働いていたと考えられる。ともかくこうした人々すべてが広い「グーテンベルク屋敷」に住み込んで仕事をするようになったわけである。

ここマインツ最初の印刷所の設備は、シュトラースブルク印刷工房より、さまざまな点で格段の改良が加えられていたことと思われる。こうしたことは印刷された作品の質を見ればすぐにわかることである。グーテンベルクはすでに五〇歳近くになっていたが、その完成へ向けて功をあせったり、物質的な利益に追い立てられたりした様子はみられない。あくまでも自分が発明した技術を完成の域へともっていくために、じっくりと時間をかけていたようである。それは未知のものを極めようとする研究者ないし求道者の純粋な知的探求心からであったように思われる。

彼にとっては、未知の世界に至る道そのものが人生の価値であったのだ。こうした態度によって、グーテンベルクは「活版印刷術の父」という不朽の栄誉を受けることになったわけだが、自らその発明した術によって、美的観点からいって今なお最高の書物と呼ばれている『四十二行聖書』を印刷して、世に残したのであった。

活版印刷術とは何か

ここでグーテンベルクによって発明された「活版印刷術」とは、いったいどんなものであったのかをみてみることにしたい。第一章でも述べたように、ヨーロッパでは長い筆写時代の後、おそらく一四世紀の最後の二、三〇年間に宗教画の木版印刷が、そして一四・五世紀には、木版によるカルタの印刷が行われるようになっていた。そして一枚の木版画を集めてつくった木版本が、オランダやドイツで生まれていた。こうした木版印刷は、浮世絵を通じて知られているように、絵が中心で、簡単な文字なら彫り込むことができるが、精密な文字を長く彫り続けていくのは容易ではなかった。しかも紙を版木の上に置いて上からこすりつけるため、一枚の紙の片面にしか印刷できなかった。つまりローマ字のアルファベットの印刷に対して、木版は向いていなかったのである。

いっぽう活字を用いた印刷方法自体は、グーテンベルクよりずっと早く中国や朝鮮半島で行われていた。中国では古くから木版印刷が盛んであったが、北宋の時代（九六〇―一一二七）に泥土を膠《にかわ》で固めて文字を彫り、その後で焼いたいわゆる「膠泥活字《こうでいかつじ》」が発明された。印刷にあたっては、鉄板に蠟を流して暖めながら活字を並べ、並べ終わると鉄板を火からおろして冷却させる。蠟で活字が固定されるのを待ち、その後は木版印刷と同じように墨を塗り、上から紙を当てて文字を写し取るのである。この方法だと、活字を用いるとはいっても実際には木版印刷とあまり変わるところがない。片面印刷だという点と、文字が象形文字の漢字で膨大な数の活字を必要とした点、一枚一枚の組み版をつくるのがかなり面倒な作業であった点など、極めて能率の悪いものであった。その後中国では、木や金属を材料とする活字が考案されたが一部で使用されたにすぎず、印刷の主流はずっと木版であった。

朝鮮では一二三〇年に鋳造銅活字の印刷が行われた。しかし銅活字の鋳造が盛んになったのは李朝時代（一三九二年以降）に入ってからであり、一四〇三年に太宗は朝鮮に書物が少ないことを遺憾として、数カ月の間に数万個の活字を鋳造させたという。そしてその二、三〇年後に、孔子の教えつまり儒教を広めるためにその関連の書物の印刷が奨励されたが、印刷物の内容は国が指定したものだけで、民間で自由に印刷することは許されなかった。こうしたことから印刷の普及には限度があったうえ、活字に銅という金属が使用されたとはいっても、印刷機が用いられず上からこすりつける方式だったため、やはり印刷の能率は悪いものであったと思われる。これはグーテンベルクの発明に先立つことわずか半世紀のことであるが、彼がはたして朝鮮の活字印刷方式やその印刷物を知っていたものかどうかを立証する史料は存在しない。

これら東洋の印刷方式と比べてみて、鉛の合金によってアルファベット活字を鋳造し、それらを自由に組んで組み版をつくり、その上にインクを塗って圧搾機にかけて印刷するグーテンベルク方式が、いかに大量生産方式に適した効率のよいものであったかが理解できるだろう。

その際多くの研究者や思想家が指摘しているように、活字に用いられた文字が表音文字のアルファベットであるという点に、グーテンベルク方式の極めて大きな利点があるというべきであろう。この表音文字という特徴によって、それほど多くはないアルファベット活字を随時組み合わせ、組み版をつくり（植字をし）、印刷が終わればその組み版を解体して再び新たな組み版をつくるという方法が保証されたわけである。

ここでこの活版印刷術という方式の技術的細部をもう少し検討してみよう。それらのどういう点がグーテンベルクの独創というか発明だったのであろうか。

まず第一に活字であるが、金属活字の製造方法そのものはヨーロッパでもグーテンベルク以前から知られていた。鋳金業者は一三世紀ごろから金属や木に文字を彫って砂の鋳型をつくり、そこに溶けた金属を流し込んで活字をつくっていた。ただこれらの活字はバラバラのままで、製本業者が書物の背文字を入れるのに用いていたという。グーテンベルクはこうした活字の鋳造そのものに改造を加えたうえ、さらに組み版にして可動活字として印刷する方法を考え出したわけであるが、この点にこそ彼の発明の独創性があったというべきであろう。

第二に、彼が活版印刷に適したインクをつくり出したことも、やはり大きく評価されなければならない点である。従来筆写や木版印刷に用いていたのは油煙や煤煙を水と膠類で溶いた水性インクであったが、これは金属製の活字にはのりが悪く、うまく印刷できなかった。ところが一四〇一年ごろ、フランドルの画家ヴァン＝アイク兄弟によってワニスを用いた油絵具がつくられ、ついで煮沸アマニ油を用いた油性の印刷インクの製造も行われるようになった。グーテンベルクはこれに改良を加えて、鉛合金製活字にのりのよいインクをつくったわけである。

第三に、有名なグーテンベルクの印刷機の製造であるが、この点で彼は地の利を得ていたといえよう。彼が生まれ育ったライン川中流域は有名なワインの産地で、巨匠もこのワインが大好きであったことは本書でもすでに述べたが、マインツやシュトラースブルクには、ブドウの実を絞るのに用いられたらせん状の圧搾機があった。こうした圧搾機については、彼は子どものころからマインツやエルトヴィル近くのエバーバッハ修道院で見ていたはずである。また、布の上に模様を押圧する機械や、写本を製本する工程で圧搾を加える機械もあった。グーテンベルクはこうしたものにヒントを得て、圧搾式（プレス式）の印刷機をつくることができたのである。ちなみにこの押しつける圧搾機の意味から、後に「印刷」を意味するドイツ語のDruckや英語のpressという言葉が生まれたわけである。

第四は、技術というよりはその生産体制の問題であるが、本書でしばしば述べてきたさまざまな職種の人々をひとつの事業目的に結集して、効率よく生産していく共同事業体制をグーテンベルクが早くから採用して、印刷の大量生産方式を確立した点である。こうした初期資本主義的な生産方式こそ、グーテンベルクが単なる技術者あるいは職人ではなくて、優れた経営者でもあったことを証明するものなのである。

活字鋳造具

印刷技術上の細部の諸問題

活版印刷術発明へ向けてのグーテンベルクの努力の具体的な様子について、もう少しみていくことにしたい。まず活字の鋳造であるが、彼はシュトラースブルクにおいて、手動式の活字鋳造具というものを発明した。これは銅のような固い金属製の母型から、鉛合金製の活字を同じかたちで、好きな数だけつくることを可能にした。可動活字の大量生産を可能にしたこの手動式活字鋳造具こそは、活版印刷術誕生へ向けての決定的な要素であったのだ。

本書ではこれからも活字についてはしばしば触れていくことになるが、グーテンベルクは第一章でも述べたように、活字の字体そのものに多大な関心を持っていて、その製造には大変な苦労を重ねていた。これは、文字のかたちは内面の姿勢や宗教的信条の表現であるという伝統的な考え方をグーテンベルクも受け継いでいたことを示すものだといえよう。こうした信念から彼は印刷すべき書物や印刷物の内容に応じて、さまざまな字体の活字をつくっていったわけである。その際に重要になるのが、金属に彫り込んでいく彫金の技術であったのだが、こうした技術を巨匠はおそらくマインツのいくつかの貨幣鋳造組合において、あるいはエルトヴィルの大司教の造幣工場で習得したものと思われる。

それはともかく手動式活字鋳造具によって、一人の鋳造者は一日に六〇〇個の活字を鋳造することができたという。これは木に文字を彫り込んでいく木版印刷の作業に比べて、著しい生産性の向上を意味した。そして可動式の活字を組み版にして印刷した後は、再び同じ活字を用いて新たな組み版を組むことによって、その生産性を何倍にも上げることができたのであった。

活字に用いられた金属についてみると、一五九〇年製の活字の成分を調べた結果がわかっている。それによると、その成分は鉛八二パーセント、錫《すず》九パーセント、アンチモン六パーセント、そして銅少々という割合の合金であった。グーテンベルクの場合は、錫の割合がもう少し多かったものと推測されている。

いっぽうヨーロッパの言語において使用されるアルファベットの頻度にはかなりのばらつきがあるので、活版印刷術の初期のころから、つくる活字の数もその使用頻度に応じて決められていた。当時はラテン語の印刷物が圧倒的に多かったのだが、そこではe、n、s、t、i、m、aなどの活字（小文字）が多くつくられ、b、c、vや大文字は少なかった。

印刷工房の内部の様子

巨匠が「グーテンベルク屋敷」内に建てたマインツ最初の印刷所は、いったいどのようなものだったのであろうか？　そのことに関する資料は一切存在しないので、少し後の時代のものから推測するよりほかに手だてはない。八七ページの写真（A）は、十六世紀につくられた木版画であるが、この印刷工房内部の様子は、基本的にグーテンベルクの印刷所とあまり違いがなかったと思われる。何しろグーテンベルクが発明した活版印刷の方法は、その後一八世紀の末ごろまで、基本的にはほとんど同じだったといわれているのである。

いっぽう八八ページの写真（B）は、グーテンベルクが聖書を印刷したときに用いたと思われる印刷機を一九二五年に再現したものである。これら二枚の写真を見れば、だいたいの様子が理解できるのではないかと思われる。

印刷工房の内部（16世紀の版画）――A

まず写真Aの右側に座っているのは植字工で、その向かいの斜めのものが植字箱である。これは写真Bの奥にある植字箱とほぼ同じで、横一二〇センチ、縦一〇〇センチ、中はおよそ一〇〇個の空間に仕切られている。使用頻度の高い活字は手前の仕切りに置かれている。植字工は原稿を見ながらこの箱から必要な活字を取り出して、左手に持ったステッキに活字を並べていった。こうしたステッキを一行として、一ページの行数分だけ並べて組み版をつくったわけである。

こうしてできた組み版の上に、写真Bの左側の机の上にあるようなローラーでインクが塗られ、あらかじめ湿らせてお

グーテンベルクの印刷機——B

いた紙または羊皮紙をその上に置いた。そして写真Aの左側の男が持っているようなバレンで、インクが均等につくように紙の裏側をこすってから、写真Bに見られる斜めの蓋を閉めた。それから右のほうにずらし、一定の位置にきたところで把手の棒を回して、加圧盤を組み版の上にぐいぐいと押しつけた。こうして一枚の印刷ができたわけである。一枚の印刷が終わると、今度はそれまでとは逆の作業で印刷された紙または羊皮紙を取りはずした。後ろのほうにつるしてあるのは、湿った紙または羊皮紙を乾かすためである。

印刷がきれいに仕上がるかどうかは、インクの塗り方と把手の棒を回して押しつけるときのやり方によるという。しかし本格的な印刷をはじめる前に、必ず仮刷りしたものを校正係が読み返し、組み版の修正を行う。この作業のために活版印刷は筆写に比べて誤植をはるかに少なくすることができたわけである。

また、グーテンベルクのこの活版印刷では両面印刷が行われたのだが、そのために印刷工は特別の配慮が必要であった。つまり片面を印刷した紙を別の組み版の上に置くときに、すでに印刷した面と行のずれが出ないようにしなければならないからである。そのために紙の隅の一定の場所に小さな針で穴が開けられ、それを目印にしたのである。

以上、グーテンベルクの印刷所で行われていたであろう作業工程を、植字・組み版から印刷完了までざっと眺めてみたが、「グーテンベルク屋敷」内の印刷工房も、きっと写真Aのようなものであったと想像される。もちろんこの写真に出てこない作業工程として、活字の鋳造という大事な作業があった。これがどのように行われていたかを示したものがこのページの写真だが、これは一五六八年フランクフルトの活字鋳造工房を描いた木版画である。大ざっぱな絵で細かい点はわからないが、およそのところはこれによってわかるだろう。

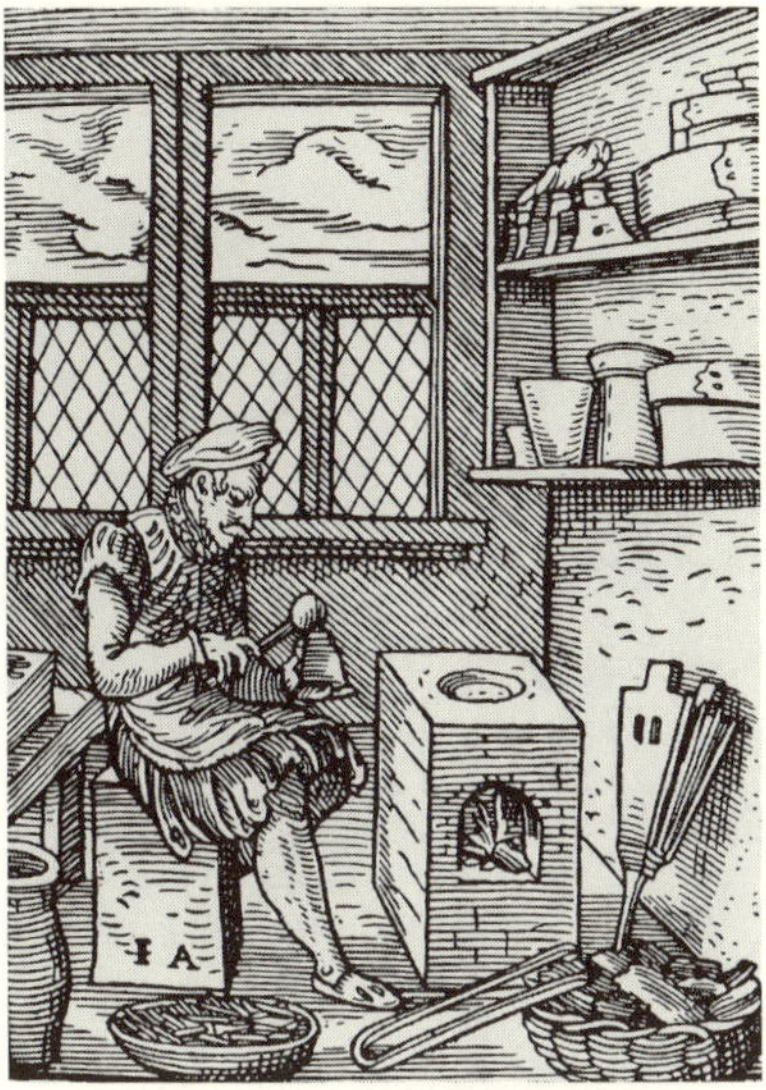

フランクフルトの活字鋳造工房

さらに印刷所には、紙や羊皮紙、鉛などの活字の材料となる金属、インク、でき上がった印刷物などを保管しておくための倉庫も必要だった。「グーテンベルク屋敷」内の印刷所には、こうした設備一切を備えるだけの十分な空間的な余裕があったようである。

2　マインツにおける初期印刷物

ラテン語教科書『ドナトゥス』の印刷　マインツに移ったグーテンベルクが最初に印刷したものは、すでにシュトラースブルクで四種類の異なった版が印刷されていた例の『ドナトゥス』であった。これは一四四八年に「グーテンベルク屋敷」内の印刷所が設立されたときから一四五八年まで、継続して印刷が続けられたとみられている。その間全部で二四もの異なった版の『ドナトゥス』が発刊された。ただ現存するものはすべて極めて不完全なものばかりである。そのうちのいくつかは、バラバラのページの断片だけが残っているにすぎない。このラテン語教科書は、主として子どもが使用したもので、紙よりは丈夫な羊皮紙に印刷されたにもかかわらず、絶えまない使用によって傷みも激しかったからである。

わずか二八ページというこの小型の教科書本は、マインツの最初の印刷所の能力に見合ったものであったといわれる。後の聖書やほかの作品が二段組だったのに対して、この本はまだ一段組であったが、これは印刷機の加圧盤の大きさや押しつける力が限られていたことによる。一枚の組み版のなかにたくさんの文字を入れ込むのはまだ無理だったのだ。それから高価な羊皮紙の在庫数や活字の硬度（摩滅するまでの耐久度）などから、一度の組み版でたくさんの印刷部数を見込むことができなかった。そのため『ドナトゥス』のそれぞれの版の印刷部数は、二〇〇部から四〇〇部と推測されている。そして数年かけて、四八〇〇冊から九六〇〇冊が「グーテンベルク屋敷印刷工房」で印刷されたものとみられている。

いっぽう商売のほうはかなりゆっくりしたテンポだったといえよう。しかし同時に印刷業が経済的に引き合うということを人々は確信したと思われる。おそらく『ドナトゥス』を売るために、代理人がエアフルト、ハイデルベルク、ケルン、ライプツィヒ、パリその他の大学都市へ派遣されたことであろう。さらに多くの修道院学校や都市の学校でも、同様に販売されたと思われる。そうした販売に携わったのは、従来の写本販売者や書籍行商人たちであった。この人たちにとって印刷本は、写本よりも商売の点でずっとうま味があったにちがいない。商売人はこの新しい商品の価値をよく知っていて宣伝して歩いたものと思われるが、一般の買い手がそのことを認識するまでにはかなり時間がかかった。人々は写本と印刷本をじっくりと見比べて、その利点や欠点を考えたのであろうが、印刷本には正書法の誤りが少ない点にやがて気がついたはずである。従来、写本テキストにはいろいろと誤りが多く、そのことに対して苦情や批判が絶えなかったからである。

『ドナトゥス』には二四もの異なった版があったのだが、これはひとつの版の印刷能力が低かったということと合わせて、もうひとつ別の理由があった。高価な羊皮紙の使用枚数をできるだけ少なくするために、一ページの中にできるだけたくさんの文字を、つまりできるだけたくさんの行数を詰め込もうとした。そのため二六行、二七行、二八行そして三〇行と四つの異なった行数の『ドナトゥス』が印刷され、それらを合計して全部で二四版が発行されたわけである。

『ドナトゥス』に用いられた活字

これに用いられた活字は、前述したように「ドナトゥス‐カレンダー活字（DK活字）」と呼ばれているもので、グーテンベルクがつくり出した最初の活字だった。これは『ドナトゥス』のほかカレンダーの印刷にも用いられ、さらにずっと後になって改良されたかたちで『三十六行聖書』の印刷にも使用されている。この活字は比較的大きなゴチック活字で、印刷されたテキスト面が織物のように見えることから、テクストゥーア活字とも呼ばれているものである。そのモデルとなったのは、フランスやドイツの修道院で筆写されていた『ミサ典書』に用いられていたミサール体というものであった。その文字の姿は暗く、重々しく、垂直の線はほぼ同じ幅の間隔を保っていた。

グーテンベルクが印刷に用いていた活字は、大文字、小文字のアルファベットが、それぞれ幅の狭いものと幅の広いもの、さらに融合した活字や略語、そして文法用文字、ピリオド、コンマの類など、さまざまなものから構成されていた。それは現代になってヨーロッパに現れたタイプライターの鍵盤上の文字や記号に比べられるほど多様なものであったのだ。幅の狭い活字は一行を短くするために、そして幅の長い活字は一行の幅を長くするために用いられた。また単語と単語の間の空間の幅は同じになっていた。ただし一行の幅はふぞろいだったので、見た目があまり美しいとはいえない。この点は後になって、幅の広い活字と幅の狭い活字を上手に組み合わせることによって各行が同じ幅に印刷されるようになり、見た目も美しくなった。

もともとグーテンベルクがこれらの活字をつくる際に模範としたのは、従来からあった写本に書かれた文字で、まったく別種の活字体をつくろうとしたわけではなかった。そのため行ぞろえの点でも、最初は写本を見習ったのだった。そしてわざわざ張り出し活字といって、文字の一部が左か右にボディサイズを越えてはみ出したものまでつくっているのだ。これは筆写生が書くときの勢いではみ出してしまったものなのである。活字の字体としての独特の美しさは、その後時間をかけてゆっくりと改良が加えられて生み出されていった。その結果、後に『三十六行聖書』に改良型ＤＫ活字が用いられたが、その見本がこのページの写真に見られるものである。

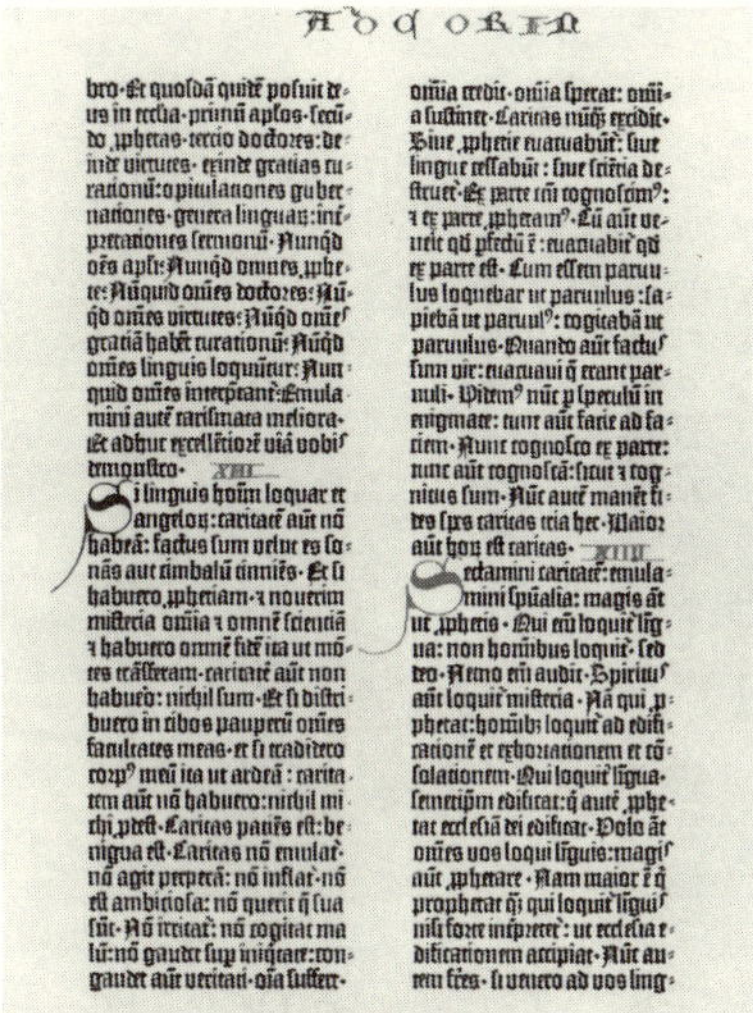

Seite der 36zeiligen Bibel. Vermutlich von Albrecht Pfister und Heinrich Keffer in Bamberg 1457 bis 1458 gedruckt. Nach dem Exemplar der Universitätsbibliothek Leipzig. Verkleinert

改良型ＤＫ活字

3　活版印刷術の完成へ向けて

筆写本と印刷本

これまでシュトラースブルクからマインツへと移る過程でグーテンベルクが手がけてきた初期印刷物をみてきた。しかしこれらのものはなお欠陥が多く不完全なもので、巨匠がとうてい満足できるようなものではなかった。『ドナトゥス』や「ジビュレの予言」の印刷を通じて、彼は確かに本が筆写とは比べものにならないぐらい速く、しかも安く仕上げられることを知った。

しかしグーテンベルクにとっては、印刷は筆写の安価な代用品であってはならないのだった。印刷はそれ自体として、完成されたものでなくてはならなかったのだ。優れた職人魂と求道者の心を持っていた発明者にとっては、印刷技術の基盤をつくった一四四〇年ごろからの十数年間は、なお絶えまない創造的不安のなかにあったと思われる。発明のアイデアから完成までは、息を抜くことのできない創造のプロセスだったのだ。

というのは彼が模範にした筆写本は、まさにこの一五世紀にその花盛りを迎え、質的に最高のレベルに達していたからである。フランスとりわけブルゴーニュにおいては、祈りのときに用いる時

筆写による豪華な『時禱書』

禱書は華麗な色彩の絵や装飾的な頭文字などによって、特別高価な豪華本に仕立てられていた。そうした挿絵や細密文字を描くために、当時有名な画家が活躍していた。また、イタリアの大商人や都市貴族たちは、えり抜きの豪華文学書や美麗な豪華本のための図書館をつくっていた。そしてゴチックの筆写芸術は、ドイツ、フランス、スペイン、イタリアなどの修道院内の筆写工房において、最高の水準に達していたのである。新種の技術が同時代の筆写芸術と美的にも肩を並べることができるためには、より大きく、より高度な役割を担わなければならなかったのだ。

いっぽう第二章の終わりでも述べたように、教会改革を目指していたニコラウス＝フォン＝クースの影響を受けていたとみられるグーテンベルクが、まず何よりも印刷したいと考えたのは、均一の内容の『ミサ典書』を大量につくり出すことだった。ミサはカトリックの祭儀の中心をなすものであり、『ミサ典書』はそれを執り行う際の、いわばハンドブックであった。そこには教会暦を含めた祭儀細則を伴ったミサ典範、順番に並んだミサ手続き、詩篇、説教、そして個々の日曜祭日用の聖書の一節などが書かれていた。

ところがこの大事な『ミサ典書』も、何度も書き写していく筆写の過程で、しばしば書き間違いや文章の修正、あるいはテキストの故意の歪曲《わいきょく》という事態が起こっていた。このためニコラウス゠フォン゠クースはカトリック教会の全地域に、統一的に書かれた『ミサ典書』の出現を求めていたのである。そしてその期待に応えるべくグーテンベルクは『ミサ典書』の印刷を志したものと考えられる。しかしグーテンベルク屋敷内にある印刷工房には、『ミサ典書』の印刷に必要なだけの十分な活字がそろっていなかった。とりわけ聖歌活字、極小の活字、教理典範用の小文字と大文字が欠けていた。彼としてもこの『ミサ典書』の印刷を目指して四種類のゴチック活字をつくったのだが、当時工房にあったこれらのDK活字だけでは、複雑な内容の『ミサ典書』を印刷するにはまだ不十分だった。

そのためグーテンベルクとしても計画変更を余儀なくされ、ひとつの大きさの活字だけで印刷できるような別の作品を探したものと思われる。この過程で彼は協力者たちと印刷すべき本の選択にあたって、相当に突っ込んだ議論をしたようである。そしてここでも結局クースの影響が決定的な動機となったものと思われる。

聖書の印刷へ向けて

今日の視点に立てば、「書物の中の書物」と呼ばれている聖書こそは、グーテンベルクが真っ先に目指すべき対象だったように思われる。ところが一五世紀の中ごろには、聖書は宗教生活の中心に位置していたわけではなかった。当時カトリックの司祭宗教がとっていた立場によれば、聖書は教父や司祭を通じて一般民衆に説明されるべきものであった。つまり聖書そのものを民衆自らが読むことは、カトリックの権威にとっては都合が悪かったわけである。そのため幾多の宗教会議を通じて、聖書を各国語に翻訳することが禁じられていた。したがって、こうした一般的な風潮からは、聖書を印刷して普及させるという考えは生まれてこなかったといえる。

ところがカトリック教会の内部にも、前述したように、前宗教改革的運動や教会改革の立場から聖書の普及を奨励したニコラウス゠フォン゠クースのような人物が存在した。一四五一年五月、クースは教皇特使としてマインツにおいてベネディクト派修道会の七〇人の院長から宣誓をとっているが、その際に彼は修道院内図書館にとって、よい翻訳によって編纂された聖書の持つ意義を説いたものと思われる。そしてクースとの関係が深いグーテンベルクは、このとき改革派修道会からの聖書への需要というものを悟ったものとみられるのだ。なぜなら当時は聖書の販売は一般には確実なものとは考えられていなかったからだ。貧乏な学生や末端の司祭が高価な聖書を自ら購入することは無理だった。潜在的な買い手としては、修道院、司教、大学教授、世俗領主などが考えられていたわけである。

Bildnis des Johannes Fust.
Aus: Petrus Opmeer: Opus chronolocicum. 1611.
Verkleinert

ヨハネス＝フスト

フストとグーテンベルクの出会い

こうして聖書の印刷を志すようになったグーテンベルクにとって当面の問題となったのは、『ドナトゥス』のような小型印刷物とは違った大作である聖書の印刷に必要な資金だった。これまでもたびたび各方面から資金を集めてきた発明者だが、このたび融資を受けることになったのは、書籍印刷の歴史において重要な役割を演じたヨハネス＝フストという人物であった。

彼はマインツの商人で、それまで『ドナトゥス』などの写本を売るために各地の大学都市を渡り歩いていたものとみられている。そのころ「グーテンベルク屋敷印刷工房」では、でき上がった『ドナトゥス』を販売してくれる商人を必要としていた。こうしたところからフストとグーテンベルクの出会いが生まれたものと思われる。

ところがこのヨハネス＝フストについては、われわれはわずかな知識しか持ち合わせていない。ようやく最近になって研究者たちもこの人物に取り組むようになった。従来この人物は、後に述べる訴訟との関連で、技術上・芸術上の問題にはいっさい無関心で、冷たく打算的で、巨匠をペテンにかけようとした厚顔無恥な商売人として描かれてきた。

しかし冷静な立場からみれば、こうした描き方は明らかにゆきすぎた誇張といわざるを得ない。

最近の研究によると、彼は金持ちの商人ではあったのだが、同時に金細工師でもあり、その同業組合の会員でもあった。そのために都市貴族だったグーテンベルクとは身分も違い、人生観や態度や振る舞いの点でもかなり異なっていた。

マインツにおける都市貴族とツンフトの間の長期にわたる対立抗争については本書でも繰り返し述べてきたところである。ヨハネス＝フストにとってグーテンベルクは、貴公子として尊敬に値し、また発明の才のある人物ではあったものの、特権的身分に属する一人であり、そのあまりに自信に満ちた態度に危ういものをみていたにちがいない。

ところで巨匠は一四四九年の夏にこのフストから八〇〇グルデンという大金を融資してもらっている。おそらく商人のフストはすでに印刷されていた『ドナトゥス』などの作品を見て、印刷業がもたらす利潤の可能性を信じて、これだけの大金を他から借りて融資したものと思われる。

ともかくこの金によってグーテンベルクは聖書を印刷するために必要な、従来の「グーテンベルク屋敷印刷工房」よりも立派な設備を備えた印刷所を建設することができたのである。その場所としては、遠い親戚のヘンネ＝ザルマンが所有していたフンブレヒト屋敷が選ばれた。そして以前と同様、コンラート＝ザスパッハが印刷機を組み立てたものと推定される。最初は四台、後には六台の印刷機がそこに設置された。グーテンベルク屋敷の印刷工房には一台の印刷機しかなかったのに比べると、大変な拡充といえる。さらにそこには植字のために六つの仕事場が確保され、羊皮紙や紙のための広い保管倉庫も建てられた。

フストは融資に対する担保として、組み立てられた印刷機その他の機械設備一切と付属の材料、そしてでき上がる予定の作品などを指定している。フストとグーテンベルクの二人は、これらを定めた契約を一四五〇年に結んだ。こうして巨匠は念願の大作「聖書」の印刷という大事業に乗り出していったのである。

第五章　発明のクライマックス——聖書の印刷

1　『四十二行聖書』の印刷

『四十二行聖書』のための活字製造と組み版

「四十二行」というのは一ページに収められた行数をいうが、「三十六行」その他の聖書も印刷されているため、それと区別するためにこう呼んでいるものである（ちなみに『グーテンベルク聖書』と一般に呼ばれているものは、『四十二行聖書』のほうを指す）。

さてグーテンベルクは、念願の聖書を印刷するために、まずその活字製造に全精力を注いだものと思われる。従来からある筆写による豪華で華麗な聖書に、美的観点からも匹敵するような作品をつくりあげるためには、何よりも美しい字体の活字を鋳造することが肝要だったからだ。

巨匠はそのために当時存在したラテン語の筆写による聖書を模範にした。そしてこの写本の中から最も美しい文字が選び出され、合字や略語を含めた全アルファベットがまずトレースされた。ついでDK活字の場合と同様に、父型（パンチ）が彫られ、それが母型の中に打ち込まれた。そして高さが調整され、最終的に活字鋳造具の中にはさみ込まれ、その中に溶かした鉛合金を流し込んで活字が鋳造されていったのである。その数は全部で二九〇種類にのぼった。そこには小文字、大文字、合字そして略語、句読点などが含まれ、さらに同じアルファベットでも、幅の広いもの、狭いものといろいろあったのだ。

　つまり全体の組み上がりの美しさを、こうしたさまざまな文字や記号の組み合わせによって生み出そうとしたわけである。聖書用活字はDK活字よりやや小さく、エレガントに見える。そしてその大文字は、より美しい筆跡で、想像力にあふれている。とはいってもこれらの活字づくりの準備作業のために、半年の歳月が必要だったとみられている。

　いっぽう組み版の作成には、同時に四人の、後には六人の植字工が携わっていた。そしてそれぞれの植字工のために、三種類の組み版が用意されていた。聖書の一ページには二六〇〇字が詰まっているが、三種類の組み版には七八〇〇の活字がはいっていた計算になる。繰り返し使用される活字は摩滅するので、新しいものと取り替える必要があった。こうみてくると必要とされる活字の総量は、膨大な数にのぼったはずである。

　グーテンベルクが活版印刷術発明に向けて、じつにさまざまな工程で尽力を重ねていたことは前に述べたとおりだが、すでに聖書印刷の段階のときには、聖書を一定部数本のかたちに仕上げていくために必要なさまざまな工程や、

植字作業

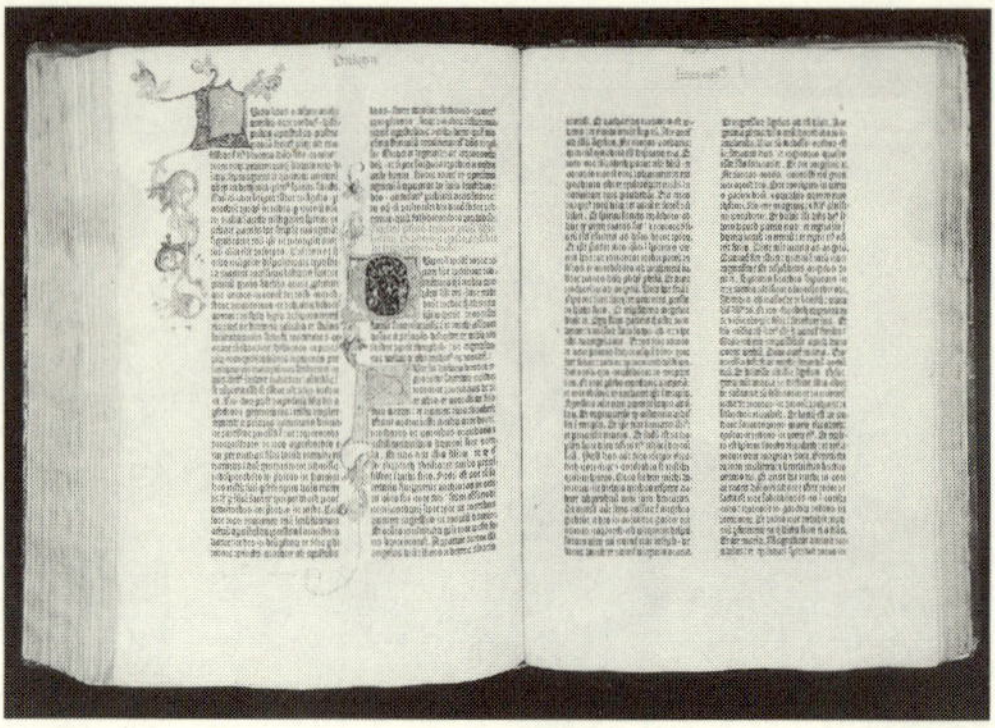

「四十二行聖書」

仕事の全体の段取りにあたっていたと思われる。

まず新しい印刷所を設立し、羊皮紙や紙、鉛やそのほかの金属を購入し、印刷工、植字工、校正係などの職人の雇用と訓練を行い、美しい紙面形成のために工夫を凝らすといった多種多様な役割を背負っていかなければならなかったのだ。つまりそれは、聖書の印刷という一大事業をやりとげるための総合プロデューサー兼現場監督の役割だったといえよう。

最高の完成度を示した『四十二行聖書』

そこでグーテンベルクが追究したものは、美的・芸術的観点からいって当時最高のレベルに達していた筆写による聖書に匹敵《ひってき》する、あるいはそれを凌駕《りょうが》するような作品を、活版印刷によってつくり上げることにあった。

最高の品質への努力のなかにこそ、彼の絶えまない注意の目が向けられていたわけである。その際横三一〇ミリ、縦四二〇ミリという新しい聖書の判型ならびに一ページ二段組という本の形態は、最良の筆写工房でつくられた写本聖書にならったものである。とはいってもグーテンベルクの聖書にあっては、さまざまな点で活版印刷の最高の水準に達していたことが注目されるのだ。

『四十二行聖書』の外観

初期の『ドナトゥス』はまだ各行の長さがまちまちで不ぞろいだったが、『四十二行聖書』においてはじめてすべての行が同じ長さで印刷されるようになった。これは模範とされた写本聖書でもみられなかったことで、やはりこれによって視覚的な美しさは一段と増している。この点において印刷本が写本を凌駕したわけである。今日、印刷で各行がそろっているのは当たり前となっているが、当初はさまざまな工夫の末にようやく達成した成果であったのだ。組み版の規則的な正確さ、印刷インクの色が均等になっていること、その他もろもろのことが今日でも到達できないぐらいの完成度を示しているのだ。このヨーロッパ最初の活版印刷本が、これほどの上品な美しさと優れた技量を示したこと、そしてその水準に達するのがその後容易でなかったことは、現在のわれわれにも奇跡に思えてくるほどである。こうした仕事の背景には、上質さに対する情熱と責任感を持ち合わせ、その情熱と仕事熱心さをすべての仕事仲間に感化させることのできた偉大な一人の人物がいたのである。

聖書製作の工程

フンブレヒト屋敷内の新しい印刷工房には、前述した六人の植字工のほかに、六台の印刷機に対応した一二人の印刷工、それに一台ずつ一人のインク塗り工と印刷機の上に紙を置く者がいた。さらに活字彫金工、活字鋳造工、解版工、印刷インクを混ぜる者、校正係その他補助作業員がいた。つまり少なくとも二〇人のレギュラーメンバーがそこでは仕事をしていた計算になる。ただ仕事仲間の名前については数人しか知られていない。これらの職人たちは、その後グーテンベルクのもとで仕事ができなくなり、ヨーロッパの各地に散っていくのだが、そのなかには一四七〇年代になって各地での最初の印刷者として名をあげた者が少なくない。つまりフンブレヒト屋敷の印刷所は、初期印刷者にとっての研修所でもあったのだ。

工程に目を向けると、印刷の前に羊皮紙や紙には湿り気が加えられた。そしてきちんとたたんだ紙の縁に針で小さな穴が開けられたが、それは前述したように、裏面や組版面をきちんとそろえるためである。紙は全紙（表裏合わせて一六ページ分）で用意されたものが、複雑な手順で時間をかけて印刷された。この印刷の作業は極めて面倒なもので、たった一カ所にブレがあったり、十分インクがついていないページがあるだけで全紙全体がだめになり、もう一度最初からやり直さなければならなかった。

印刷のスピードは、印刷工二人をつけた一台の印刷機で一時間あたり八から一六ページといったところであった。『四十二行聖書』は二巻本あわせて一二八二ページにものぼったので、推定発行部数一八〇部を全部刷り上げるためには、一日一〇時間という平均作業時間で六台の印刷機が同時に稼働して、三三三労働日が必要という計算になる。しかし中世にはさまざまな祝祭日があったため、一年間の労働日は一八八日にしかすぎなかった。

さらに当初は四台の印刷機しか稼働しておらず、仕事をしない場合や職人が一時的に別の仕事をしていたことなどを総合すると、完成までにかかった全労働時間は、およそ二年間と見積もることができよう。さらに装飾的な要素の強いこの作品には、印刷されない部分つまり見出しのイニシャルを手書きで彩飾するところが一七〇カ所も残されていて、これを描く時間と製本する時間が数カ月ないし半年ほどかかったという。

現存している『四十二行聖書』は、羊皮紙製のものが一二部、紙製のものが三五部である。推定発行部数は一八〇部とみられているので、羊皮紙製のものは三〇から三五部、紙製のものは一四五から一五〇部ぐらい印刷されたと推定される。ただしこれまで羊皮紙と呼んできたものは、実際にはヴェラム（子牛の皮）が使われていたので、わずか三〇から三五部のために五〇〇〇頭の子牛を必要としたといわれる。そして紙のほうも、美的選択眼にかなった良質の手すき紙は、イタリアから輸入されたものだけでも、三〇〇から九〇〇グルデンかかり、ヴェラムの場合は四〇〇グルデンかかったといわれる。そのほか鉛などの金属代、インク代、職人への賃金、印刷所の家賃なども払わなければならなかったのだ。詳しい計算は後にすることにするが、とにかく豪華本『四十二行聖書』製作のための全経費は膨大な額にのぼったものとみられている。

『四十二行聖書』の完成時期

ところでこの聖書の推定の完成時期は、これまで一般に一四五五年末といわれてきた。パリ国立図書館所蔵の一冊の本に、マインツ聖シュテファンス教会代理司祭の書き込んだ言葉が残っていて、そこには二巻のフォリオ版の装飾画、イニシャルおよび製本が完成したのは一四五六年八月であったと記されていたことがもとになっている。つまり、これらの工程に費やした歳月をほぼ半年とみて、そこから逆算したのが最初にあげた時期である。

ところが比較的最近になって発見された手紙によって、完成時期は一年あまり早まり、一四五四年秋ごろではなかったかという説が有力になってきている。その手紙は、後に教皇ピウス二世となるエネア＝シルヴィオ＝ピッコロミニが、皇帝フリードリヒ三世の秘書をしていたときに、友人の枢機卿に宛てて一四五五年三月に出したものである。このピッコロミニは前年の一四五四年一〇月にフランクフルトに滞在していた。その手紙の一部を引用してみる。

「かのフランクフルトでみかけた驚くべき男について、私としてはなんら間違ったことを書いてはいません。あのような完璧な聖書を、私はこれまで見たことがありません。それは……極めて美しく、正確な文字で書かれていて、……。閣下は間違いなくそれを眼鏡なしに読むことができるでしょう。何人かの信頼すべき情報提供者から聞いた話では、一五八冊ができ上がっているということです。また何人かが確言するところでは、その数は一八〇冊ということですが、数については確かなことは言えません。……貴殿の希望を知っていたならば、間違いなくその一冊を買っておいたことでしょう。数冊がここの皇帝のもとに運ばれてきました。……」

この手紙からわかることは、まず第一にこれが『四十二行聖書』の完成について書いたものであるということ、第二に完成の時期がこれによって一四五四年秋だということが推測できること、第三に発行部数について、一五八冊ないし一八〇冊という数字をあげていることである。発行部数については、当初一五八部だったものが追加されて一八〇部になったものと考えられる。また、全発行部数が印刷完了直後に売られ、ウィーンにいた皇帝やその取り巻きあるいはローマにいた枢機卿ですら、この聖書について知っていたわけである。手紙にある「驚くべき男」という人物がグーテンベルクであったのか、それともフランクフルトへ聖書を売りに出ていたヨハネス＝フストのことを指すのかはわからないが。

2　フスト、グーテンベルクを提訴

第四章の終わりで述べたように、グーテンベルクはヨハネス＝フストから融資してもらった大金によって新しい印刷工房をつくり、

『ヘルマスペルガー公正証書』

『四十二行聖書』を印刷したわけだが、その完成間近の時期に、巨匠はこのフストから約束不履行で訴えられた。その裁判の直接の報告書や聴取記録は残っていないが、その様子は、『ヘルマスペルガー公正証書』と呼ばれる文書によって詳しく知ることができる。

原本はゲッティンゲン大学図書館に保管されているが、裁判の時期がまさに巨匠の絶頂期に当たっていたため、その業績や人物を知るうえで第一級の重要性をもった史料である。この文書は、一八世紀のグーテンベルク研究者ケーラーがその著書『グーテンベルクの名誉回復』（一七四〇年刊行）で用いた後長い間行方不明になっていたが、一八八六年になって偶然ゲッティンゲン大学で再発見された。

一四五五年一一月六日付のこの文書は、主として裁判が行われたマインツの「裸足修道院」の食堂でフストが行った宣誓を記録したものであるが、裁判の主要部分の聴聞録からの抜粋や、裁判所

の裁定書も添えられていることから、とりわけこの裁定書は重要である。『ヘルマスペルガー公正証書』は、バンベルク市民ウルリヒ＝ヘルマスペルガーが公証人として記録したものだが、その内容をごく簡単に整理すると次のようになる。（富田修二著『グーテンベルク聖書の行方』図書出版社　一九九二年）

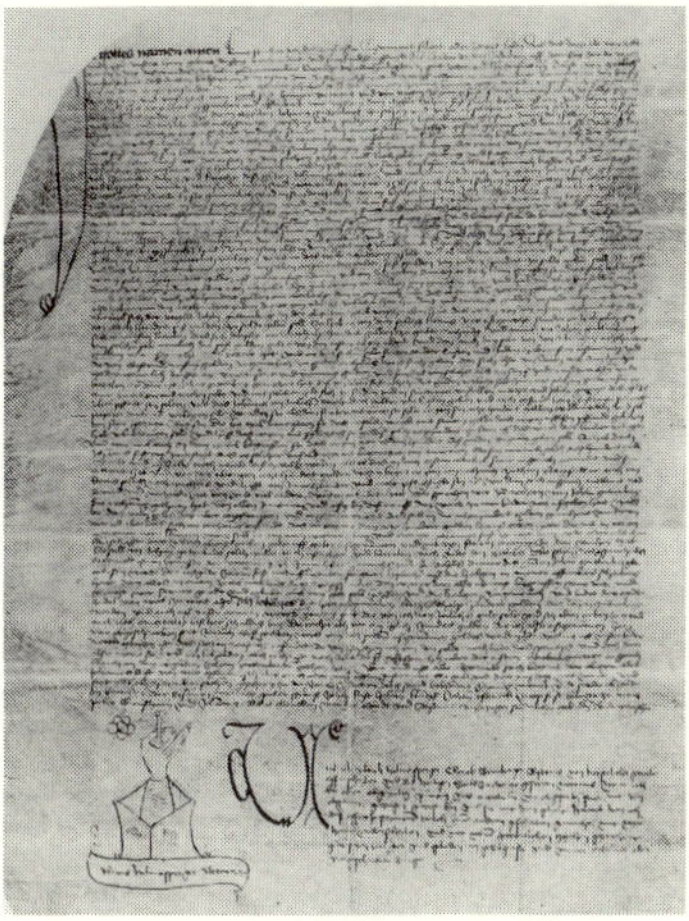
『ヘルマスペルガー公正証書』

1　形式上の導入付記、記述の目的、法行為の場所と日付、主な参加者の名、すなわち原告で、グーテンベルクの財政的バックでもあり、その後のパートナーであるヨハン＝フストが出席しているが、発明家自身は同席していない。
2　裁判における主要聴取内容（フストの苦情、およびグーテンベルクの再答弁）。
3　裁判裁定の逐語的同文テキスト。
4　フストの誓約内容文。
5　公証人の証明と署名。

その苦情のなかでフストは、自分としてはよそから金を借りてグーテンベルクに融資し、その間自分が利息を払い続けたが、グーテンベルクからはまったく返済を受けていないと述べ立てているのだが、その金額は次のようになっている。

1　最初の融資（一四五〇年に契約）　八〇〇グルデン
2　それに対する利息　二五〇グルデン
3　二回目の融資（共同の利益のための投資として一四五二年に口答で協約）　八〇〇グルデン
4　それに対する利息立て替え分　一四〇グルデン
5　利子に対する利子―複利　三六グルデン
　債務の総額　二〇二六グルデン

ヨハネス＝フストは訴えのなかで、かなりややこしい言い回しでグーテンベルクに対してこの債務総額の返済を求めたわけである。これに対してグーテンベルクは、フストが八〇〇グルデン前貸しすることになっていたこと、グーテンベルクはこの金で自分の機器を組み立てることになっていて、自分としてはこの金に満足し、自分のことに用立てることができたこと、そしてこの機器はフストの抵当になるべきもので、フストは彼に年間三〇〇グルデンを与え、さらに奉公人への賃金、家賃、羊皮紙、紙、インクなども貸し与えることになっていたことなどを説明した。そしてもし両者の間で合意が崩れた場合には、グーテンベルクは八〇〇グルデンを返し、それによって彼の機器は抵当からはずされることになっていたとも答えた。

つまり彼はこの作業（機器の製作）を、抵当と引き替えに借りた金で行うべきだと理解していたが、彼としてはこの（最初の）八〇〇グルデンを書籍製作工房のために使う義務をフストに対して負ってはいなかった、と理解していたということなのだ。そしてさらに利息や複利の支払いをフストに対して負うものではないこともつけ加えている。

これに対して裁判所の裁定では、1．最初の融資八〇〇グルデンの返済、2．二回目の融資のうち、「両者の利益」以外の目的に使用した金額の返済と項目別明細書の提出、3．利息と複利の合計四二六グルデンの返済——を命じている。

当時グーテンベルクは、『四十二行聖書』の完成に向けて全力を注いでいたが、そのために膨大な資金を必要としていたことは前述したとおりである。『四十二行聖書』が完成し、それが売れて豊かな利益をもたらすまでは、彼に返済の能力がなかったことは明らかだった。

ちなみにアルベルト＝カプルは、『四十二行聖書』の推定価格と総売上高を次のように計算している。羊皮紙製（一冊五〇グルデン）が三〇冊で一五〇〇グルデン、紙製（一冊二〇グルデン）が一五〇冊で三〇〇〇グルデン、合計四五〇〇グルデン。当時の手工業親方の年収が二〇〜三〇グルデンといわれるところからみて、いかに高価なものであったかがわかろうというものである。

両者がどのような利益分配の約束をしていたのかは明らかではないが、仮に折半だとしたら二二五〇グルデンとなり、グーテンベルクとしても借金を返せたはずである。しかし『聖書』が完売される前に裁判所の裁定が出てしまい、印刷術の発明者は敗訴したのであった。そして彼は抵当に入れていた印刷工房や印刷機器、その他刷り上がっていた印刷物などをフストに手渡さざるを得ないことになってしまった。ただしカプルは、両者の共同利用のための投下資本として行われた二回目の八〇〇グルデンに関する契約に関して、裁判所は未販売の『四十二行聖書』を両者がそれぞれ同じ分だけ受け取るように決めたものとみている。

当訴訟に関する考察

この訴訟の結果は、たしかに巨匠にとっては大きな衝撃だったと思われる。何しろそのライフワークともいうべき『四十二行聖書』の印刷がようやく完成しようという、まさにそのときに利益がまったく得られなかったばかりでなく、印刷所や印刷機器まで奪い去られてしまったからである。そのため古来、グーテンベルクの通俗的な伝記や読み物では、ヨハネス＝フストは冷酷このうえない金の亡者のように描かれ、グーテンベルクのほうは逆に悲劇の主人公として同情が寄せられるといった具合であった。しかしさすがに専門の研究者は、こうした極端な見方はしていない。もちろん研究者によっていろいろな解釈がなされているが、ここでは筆者にとって興味ある見方と思われるアルベルト＝カプルの見解を紹介したい。

それによると、まず中世のキリスト教道徳にあっては、利子を取って人に金を貸すことは恥ずべきこととされていた。ただしその貸手がよそから同じ利率で借りて又貸ししたときはこうした非難は受けなくてすんだ。フストの場合はこれに相当する。ところが『四十二行聖書』の印刷という一大事業を推進するために金を貸したフストには、印刷術の完成とかこの大部の作品を芸術的・美的観点からみて完璧なものにしようといったことへの関心はみられない。その関心はもっぱら、多大な利益を生み出す高価な商品である『四十二行聖書』が一刻も早く完成し販売することにあったのだ。そのため二度にわたって大金を投入してその完成を待ったのだが、完璧主義を貫いてじっくり時間をかけていた発明者の態度に業《ごう》をにやして提訴したのだろうという。

　こうした態度を、カプルは商売人としては当然のこととみている。そしてフストは、当時封建的秩序のなかにあって芽を出しつつあった初期資本主義の典型的な代表者の一人であって、その態度は勃興期市民階級の他の成功した金融業者のそれとなんら異なるところはない。また、当時の裁判官たちに印刷術発明の歴史的価値など認識すべくもなく、ただその時代の法の規範にしたがったまでであろうとしている。

　ここでもう一度、当時マインツに存在していた二つの印刷工房の関係について振り返って考えてみよう。前述したようにグーテンベルクはフストから借りた金で「フンブレヒト屋敷印刷工房」を設立し、『四十二行聖書』の印刷に取りかかった。ところが古い「グーテンベルク屋敷印刷工房」

のほうも保持して、小型の印刷物などの印刷を続けていた。つまり当時グーテンベルクはマインツにおけるこれら二つの印刷所を取りしきっていたのである。

ところがグーテンベルクは借りた金の一部を、古いグーテンベルク工房の運営のために使っていたらしい。そこで『ドナトゥス』のような小作品だけではなくて、後述する詩篇というかなり本格的な作品の活字の鋳造や印刷にまで取り組んでいたのだ。その点がフストにとっては不満だった。なぜならフストとしては聖書印刷という「二人の共同の事業」のために大金を貸したのであって、自分には関係のないグーテンベルク工房のためにその金の一部を流用したことは許せなかったからだ。彼にとってこれは契約違反の横領ということになり、この点については裁判所の裁定でも、グーテンベルクに対して使った金の項目別明細書の提出を命じている。この書類は残念ながら現存していないので流用の実態については実証することはできないが、諸般の事情から判断して巨匠が流用していたことは確かといえよう。やはり法律的にみれば、グーテンベルクには勝ち目がなかったというべきであろう。

ところで「フンブレヒト屋敷印刷工房」のために巨匠が必要とした経費について、これまで多くの研究者が試算をしているが、参考までに次にその一例を紹介することにしよう。

1　鉄製の主軸のついた手動印刷機六台の製造費　二四〇グルデン

2	植字用箱などの印刷関連機器	六〇グルデン
3	手動活字鋳造具製造費（一個二〇グルデン×三）	六〇グルデン
4	鋼鉄、銅、鉛、アンティモン代金	一〇〇グルデン
5	インク製造費	三〇グルデン
6	紙代（『四十二行聖書』一五〇部用）	四〇〇グルデン
7	羊皮紙代（『四十二行聖書』三〇部用）	三〇〇グルデン
8	質の高い聖書写本（原稿として）	八〇グルデン
9	フンブレヒト屋敷の三年間の賃貸料	三〇グルデン
10	住宅及び工房の暖房費（三年間）	二〇グルデン
11	職人（一二〜二〇人）の賃金および食事代	八〇〇グルデン
	支出合計	二一二〇グルデン

これを当時の物価、たとえば手工業親方の年収（二〇〜三〇グルデン）や石造民家（八〇〜一〇〇グルデン）の値段と比べてみると、ほぼ三年間にわたった『四十二行聖書』の印刷事業が、いかに大事業であったかが理解できるであろう。

争いの本来のきっかけ――免罪符の印刷　ここで従来のグーテンベルク研究においてほとんど看過されてきたが、カプルの説から争いの本来のきっかけであったとみられている免罪符の印刷について考えてみたい。

グーテンベルクは『四十二行聖書』の印刷が大詰めにきていた一四五四年から一四五五年の時期に免罪符の印刷にも従事していた。そしてこれは彼の印刷したものとしてはその正確な日付けがわかっている最古の印刷物である。これには『三十行免罪符』と『三十一行免罪符』の二種類が存在するが、このことが当時マインツにあってグーテンベルクの采配のもとに活動していた二つの印刷所の競合状態を示す有力な証拠である。同時にこの競合状態こそは、グーテンベルクとヨハネス＝フストの争いのきっかけをなすものであった、とアルベルト＝カプルは主張している。

ところで免罪符は、それを買うことによって罪が許されるとして当時のカトリック教会が発行していたもので、初めは筆写されていた。それをグーテンベルクは印刷によって大量生産したのである。これは『キプロス免罪符』と呼ばれているが、一四五三年五月、オスマン‐トルコがコンスタンティノープルを征服したことによって、重大な危機を感じるようになったキプロス王国救援のための資金集めに発行されたものである。当時ローマ教皇庁はこうした特定の目的のために随時免罪符を発行していたのだが、このときは異教徒トルコ人との戦争の呼びかけがドイツ国民に対して行われた。

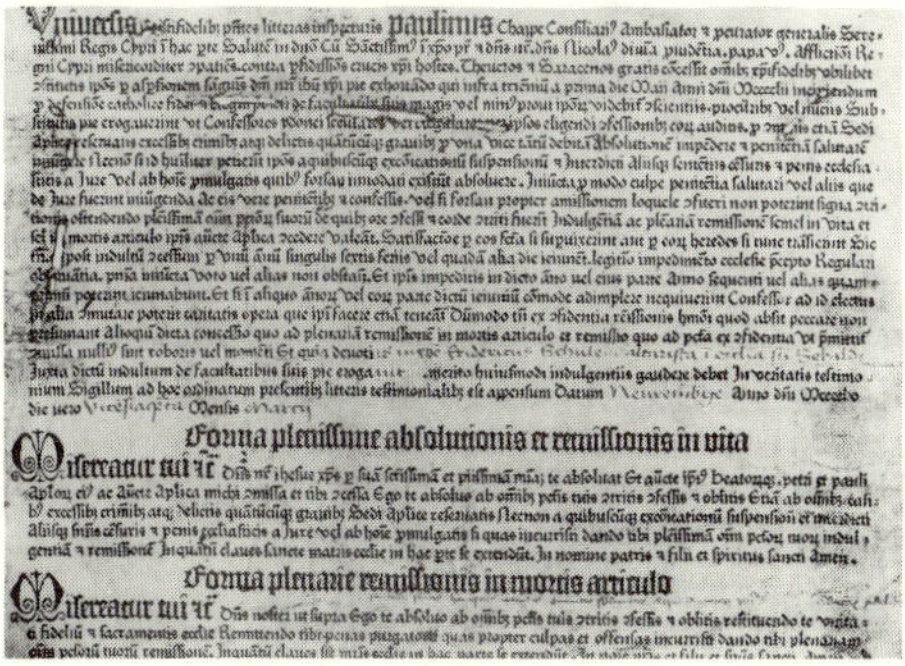
Forma plenissime absolutionis et remissionis in vita

Forma plenarie remissionis in mortis articulo

『三十一行免罪符』

もっともトルコのすぐ近くに浮かぶキプロス島は、一四五〇年以来トルコの脅威にさらされ、教皇は一四五二年五月から一四五五年四月までの三年間を一般的な免罪期間に指定していた。これに基づき、まず一四五二年五月二日に、グーテンベルクの親しい知人であったと思われる教皇特使ニコラウス＝フォン＝クースは、マインツの聖ヤコブ修道院長に対して、月末までにフランクフルト市民に二〇〇〇枚の免罪符を売るように委託している。これをグーテンベルクがDK活字によって印刷したという推測も成り立つが、その実物は一枚も残っていない。

そして一四五四年から一四五五年の七カ月間にわたって、再び免罪符の発行が、マインツ、ケルン両大司教区やそのほかの地域に対して要請された。このときはコンスタンティノープル陥落後でもあったため、一般の関心も前回よりずっと大きかったことと思われる。そして『キプロス免罪符』がグーテンベルクの二つの印刷工房で印刷されたわけである。それが前述した『三十行免罪符』と『三十一行免罪符』なのである。

『三十一行免罪符』と『三十行免罪符』

これら二種類の免罪符は、そのテキストは同じであるが、印刷の形態面でかなり異なっていた。

用いられた活字、一ページ中の行数をはじめとして、細かく観察すれば幾多の点で違いがみられるのだ。以下二つの免罪符の相違点をみていくことにしよう。

『三十一行免罪符』の活字はＤＫ活字をモデルにした雑種活字で、合字ひとつを含む六〇の活字から成り立っていた。そして筆写免罪符の実例にならって、各行がそろっていない。つまりこれは「グーテンベルク屋敷印刷工房」で組み版されて印刷されたものだ。とはいっても現存する四一部の中で七種類もの異なった版があるということは、はじめはその売り上げに自信がなかったものが、しだいに成功を見込めるようになって、注文に応じてどんどん新しい版で印刷していったということを示すものである。現存するものの最初の日付けは一四五四年一〇月二二日であり、最後の日付けは一四五五年四月三〇日となっている。しかもその販売区域は、ほとんどがマインツ大司教区の領内である。

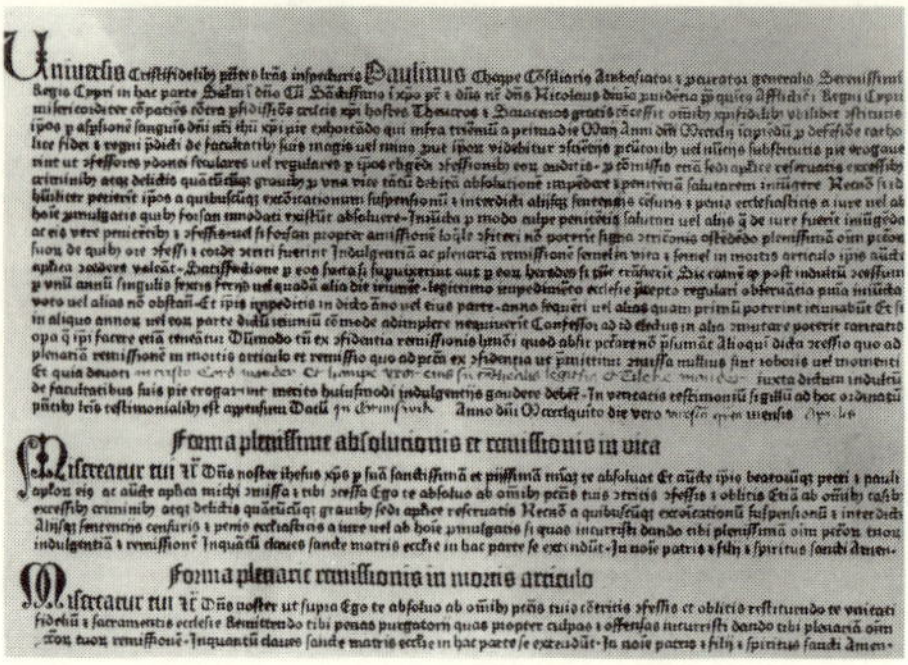
Forma plenissime absolucionis et remissionis in vita

Forma plenarie remissionis in mortis articulo

「三十行免罪符」

これに対して『三十行免罪符』のほうは、『四十二行聖書』の活字をモデルにした雑種活字が用いられ、合字八つを含む六七の活字で成り立っていた。そしてこれらの活字は下のほうがほっそりと優雅なため、パリ大学で学んだ経験のある能書家ペーター＝シェッファーによって彫られたものと推測されている。また各行の幅がそろっていて、右端がまっすぐに並んでいる。そして分綴《ぶんてつ》ハイフンは、視覚的な理由から欄外についている。こうした特徴からこれが「フンブレヒト屋敷印刷工房」で印刷されたことは明らかである。こちらのほうは現存するのは八部で、六種類の異なった版がみられる。その最初の日付けは一四五五年二月二七日であり、最後の日付けは一四五五年四月三〇日となっている。販売はおおむねケルン大司教区の領内で行われた。

以上が二種類の免罪符の相違点であるが、おそらく当時二つの印刷所の長を務めていたとみられるグーテンベルクは、その日付けからもわかるように、最初その印刷を「グーテンベルク屋敷印刷工房」でやるように指示したものと思われる。たぶん彼は対トルコ戦争という政治的事件を、自らの愛国的・宗教的信念のもとに支援し、あわせてマインツの聖職者（たぶん枢機卿ニコラウス゠フォン゠クースを含めて）である幾人かの友人への奉仕として、この注文を引き受けたのであろう、とアルベルト゠カプルはみている。

とはいってもグーテンベルクの真のねらいは、ヨハネス゠フストへの借金を返すために、この注文によって金を稼ぐことにあったとみられている。そしてこの免罪符の印刷に関連した金をめぐって、両者の間に争いの原因が生まれた、とカプルはいうのだ。おそらくグーテンベルクはフストから共同利用の事業のために用立ててもらった金の一部を、『三十一行免罪符』用活字の製造や印刷のために転用したのだろう。これはフストからの業務資金の使い込みだったため、フストは怒ったものと思われる。その結果両者の間でいろいろと交渉が行われた末に、「フンブレヒト屋敷印刷工房」でも免罪符が印刷されるようになったというのだ。

フストのねらい

こうしたヨハネス＝フストの行動は金にからんでのことであるから、彼としても免罪符の印刷が儲かる仕事だということを知ってから動き出したにちがいない。そこで免罪符販売の経済的側面について少し考えてみたい。

免罪符というのは一枚の紙で、タイプライター用紙より小さいものであった。ただその耐久性ということから、紙ではなくて羊皮紙が用いられていた。その値段は、免罪符九枚で一グルデンだった。したがって九〇〇〇枚で一〇〇〇グルデンであるから、先に示した当時の石造民家（八〇～一〇〇グルデン）や手工業親方の年収（二〇～三〇グルデン）と比べてみても、相当の金額であったことがわかる。

「グーテンベルク屋敷印刷工房」だけで、九〇〇〇枚よりも多く印刷されたとみられている。もちろんその売り上げから、活字製造、組み版、羊皮紙、運営費などのコストを差し引いても、利益はかなりなものだったと思われる。利益に敏感な資本家であったフストがこのことを見逃すはずはなく、これは両者の争いの原因に十分なり得る、とアルベルト＝カプルはいうのだ。

さらに『四十二行聖書』印刷の際に多くの羊皮紙の端切れが出たが、これを「グーテンベルク屋敷印刷工房」で免罪符の印刷に使っていた可能性もあるといわれている。こうしたことが加わってフストの怒りも増したとみられ、大規模な注文の一部を「フンブレヒト屋敷印刷工房」のために確保するという考えが生まれたといわれる。

いっぽう、免罪符の印刷によって利益が見込めるとはいっても、当時のグーテンベルクは従業員への賃金の支払いにも困っていた状況だったので、それらの金を自分の懐に入れたといったことはまったく考えられない。

そうした巨匠の窮状に、いわばつけこんだかたちでフストは「フンブレヒト屋敷印刷工房」への自分の影響力強化を図った。そして能書家のペーター＝シェッファーに、『三十行免罪符』のために新たに活字をつくるように依頼したものと思われる。それは一四五四年一一月ごろのことといわれている。この人物は短時間ですばらしい活字をつくり、先に述べたように、紙面全体も「グーテンベルク屋敷印刷工房」でつくられた『三十一行免罪符』より素晴らしいできばえであった。こうしてこれは翌年のはじめに世に出ていったわけである。

この時期はちょうどフストの提訴の時期と重なると思われる。つまりフストとしてはグーテンベルクにかわる新しい有能な印刷者をみつけることができたため、グーテンベルクを訴えて裁判に持ち込み、借金返済の能力のないことを見越して、抵当に入っていた印刷所や印刷機器その他を自分のものにして、新しい相棒であるシェッファーと一緒に印刷事業をさらに発展させようと考えたのであろう。はじめはグーテンベルクに印刷技術を習ったと思われるシェッファーだったが、二人の主人の争いに当たっては、はっきりとフストの側についたのである。パリ大学で学んだ聖職者で、しかも優れた筆写の能力を備えていたこの人物は、自分の新しい活躍の場を印刷に求め、ついでその分野で采配を振るおうとした野心家でもあったのだ。そのために資金を提供してくれるフストを選んだというわけである。

第六章　グーテンベルク工房とフスト&シェッファー工房の並立

1　ペーター＝シェッファーの登場

グーテンベルクの遺産としての「フスト&シェッファー工房」

繰り返しになるが、活版印刷術の発明がグーテンベルクの個人的な業績として完成されたことは間違いのないところである。それは決して偶然の思いつきといったものではなく、これまで述べてきたように、一四三七年ごろから一四五五年までかかった、長くそして苦労に満ちた創造的なプロセスだった。その間にはじつにさまざまな失敗や挫折、停滞も経験し、もろもろの問題を抱えながらも、粘り強く推し進められてきた大事業なのであった。

そしてようやくにして到達した『四十二行聖書』の印刷という頂点において、新しい書籍製作法が従来の写本製作法を凌駕するものであることを証明した後にも、なお技術上・美学上のさまざまな問題が、未解決のまま残されていた。

そうはいっても『四十二行聖書』の印刷という世紀の大事業を行うことができた「フンブレヒト屋敷印刷工房」には、すでに大規模な書籍印刷を行うためのあらゆる前提条件が備わっていたのだ。そこには紙、羊皮紙、印刷インク、活字鋳造具、そして性能のよい印刷機が四〜六台設置されていた。そのうえ植字工、印刷工、活字鋳造工、校正係その他の専門家から成る有能な職人のチームができていた。さらにグーテンベルクは改良された二種類の新しい活字を準備していたか、もしくはすでに完成させていた。それは詩篇のための活字で、おそらく印刷もはじめられていたものとみられている。

そこに欠けていたものは、印刷という仕事を全体として統率、指揮していく人物であった。かつての主人グーテンベルクは、大きな不満を抱えながらそこを去り、最初の「グーテンベルク屋敷印刷工房」へと移らざるを得なかったからだ。彼にかわって、複雑きわまりない印刷という事業を継続してやっていける人物が果たしていたのだろうか？　当時最も経験を積んだ印刷工としては、ベルトルート＝ルッペルおよびハインリヒ＝ケッファーの両人がいたが、この二人ともグーテンベルクの信頼厚い人物で、巨匠と行動をともにした。

こうして、いまや単独の所有者となったヨハネス＝フストが選んだ人物が、前述したペーター＝シェッファーだったわけである。このようにして「フンブレヒト屋敷印刷工房」は、この後「フスト&シェッファー工房」として、グーテンベルクの遺産を受け継ぎながら、さらにその事業を発展させていくのである。

いっぽうもとの古巣に戻ったグーテンベルクは、このころには五五、六歳になっていた。しかし気落ちして仕事から遠ざかっていたわけではなく、なおさまざまな作品の印刷を続けていくのであるが、そうした事情については後に述べるとして、新たに登場したペーター＝シェッファーについてみていくことにしよう。

ペーター＝シェッファー

シェッファーとはどんな人物か？

彼の青少年時代についてはあまり知られていない。しかし、一四二〇年から一四三〇年の間に、マインツとウオルムスの間にあるライン河畔の小さな町のゲルンスハイムで生まれたことは確かである。そのためゲルンスハイムの人々は、いまから一〇〇年ほど前に、この郷土出身の有名人のために記念碑を建てている。

また、一五一五年に印刷されたトリテミウス修道院の文書の奥付には、ペーター＝シェッファーはヨハネス＝フストの養子・里子と記されている。このことはグーテンベルク研究者から、ずっと後になってから注目されるようになったのである。これにしたがえば、シェッファーは金細工師のフストの家庭で一定の金属加工技術を習得していたことが推測される。またそのことからフストとグーテンベルクの争いに際して、彼が育ての親であったフストの側についたということが容易に理解できる。

フストはおそらく一四四四年に彼をエアフルト大学に入学させたと思われる。というのはこの年の夏学期の学籍簿に、ペトルス＝ギンスハイムという名前がみられるが、これがシェッファーのことを指すのは間違いないからだ。ついで一四四九年にはパリ大学で聖職者として登録されている。そこで彼はラテン語を習得したばかりでなく、筆写生、能書家として働いていたものと思われる。彼が書いた素晴らしい書は、オリジナルは失われてしまったものの、ファクシミリの写しを通じて知ることができる。

フストは養子のシェッファーを「フンブレヒト屋敷印刷工房」で働かせるために、おそらく一四五二年ごろにパリからマインツへ呼び戻したのであろう。なぜならこの養子は、第一にラテン語ができ、第二に優れた能書家であり、第三に金属加工についても一定の知識を持っていたと考えられるからである。

フストとしてはこれ以上の人物を見つけるのは不可能であっただろう。そしてどうやら印刷技術についても、師グーテンベルクにとってのみ込みの速い優秀な生徒だったようだ。そのため師のもとで詩篇用活字の製造に関与していたものと思われる。おそらく『三十行免罪符』用活字の文字も彼の手になるものであろう。

フストとシェッファーの個人的な関係にはきわめて深いものがあったとみえて、後にシェッファーはフストの実の娘クリスティーネと結婚している。このことに関連して次のようなロマンティックな話が伝えられている。

それによるとフストは自分の小さな娘クリスティーネの教育係としてシェッファーをパリから呼び戻したが、彼はこの娘にほれこんでしまい、自分の終生の伴侶にしようとして聖職者の道を断念した。そしてフストはシェッファーを自分の協力者にするために、この恋愛を積極的に支援した。こうしてこの若くて有能な青年は、娘を手に入れるために師のグーテンベルクを裏切ったというものである。

この筋書きはもちろんフィクションであり、事実は二人が結婚したということだけである。

2　フスト&シェッファー工房の発展

『マインツ詩篇』の出版

一四五七年八月一四日、フンブレヒト屋敷内の「フスト&シェッファー工房」で、豪華本『マインツ詩篇』が印刷された。これは二つ折り判三四〇ページのもので、すべて羊皮紙に印刷された。そして特筆すべきことは、このときはじめて書物の中に、印刷者の注記が記されたことである。そこにはつくり手として、マインツ市民ヨハネス＝フストとゲルンスハイム出身のペーター＝シェッファーの名前が書かれていたのだ。また現存する一冊には、フストとシェッファーが考え出した、二人の印刷者標章が赤い色で刷り込まれているのが見える。これは世界ではじめての印刷者マークで、以後初期の印刷者はこうした印刷者標章をつくり、自分の印刷所で印刷した作品に刷り込むようになった。

この『マインツ詩篇』は、今日なお世界で最も美しい書物のひとつといわれている。ここではじめて大小の詩篇用活字が用いられたが、この印刷物の特色は、素晴らしい二色の頭文字と赤色で刷り

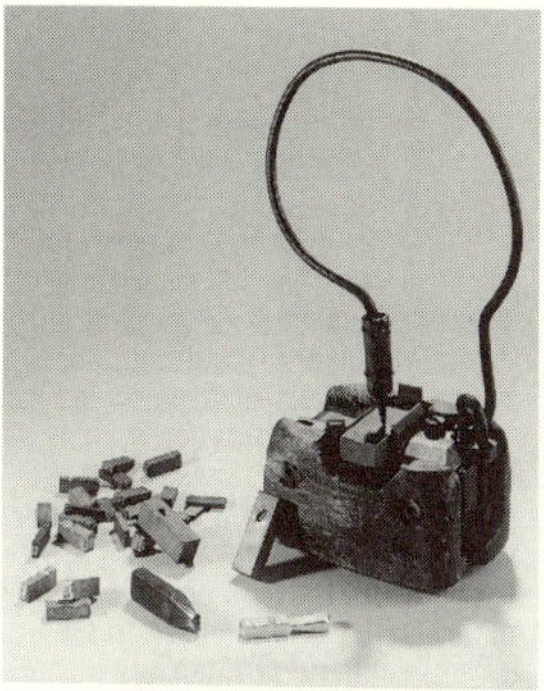

フストとシェッファーの印刷者標章

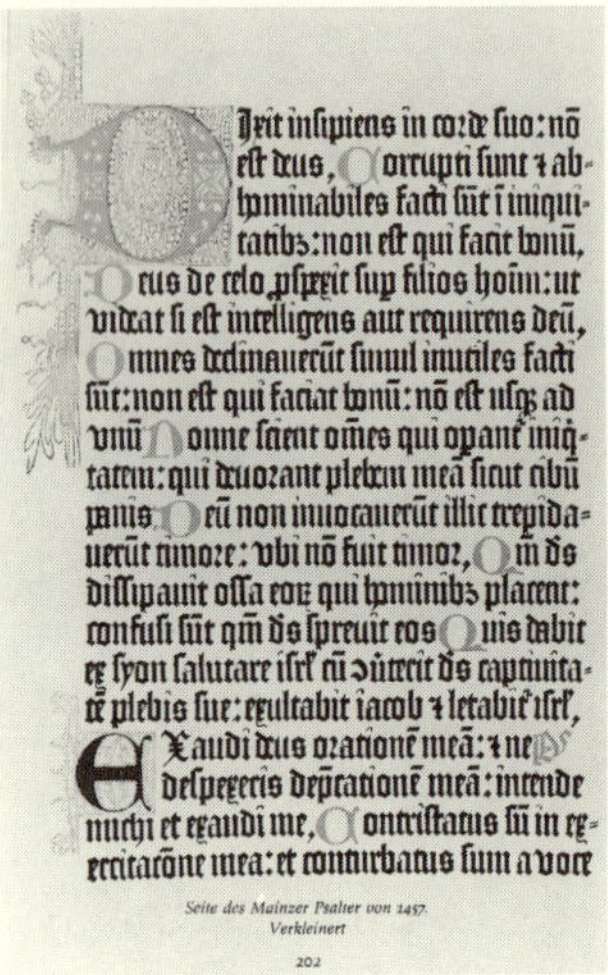
Dixit insipiens in corde suo: nō
est deus, Corrupti sunt ⁊ ab-
hominabiles facti sūt ī iniqui-
tatibꝫ: non est qui faciat bonū.
Deus de celo ꝓspexit sup filios hoīm: ut
videat si est intelligens aut requirens deū.
Omnes declinauerūt simul inutiles facti
sūt: non est qui faciat bonū: nō est usqꝫ ad
vnū. Nonne scient omēs qui opant iniq-
tatem: qui deuorant plebem meā sicut cibū
panis. Deū non inuocauerūt illic trepida-
uerūt timore: vbi nō fuit timor. Qm ds
dissipauit ossa eoꝝ qui hoībꝫ placent:
confusi sūt qm ds spreuit eos. Quis dabit
ex syon salutare isrl cū cõuerit ds captiuita-
tē plebis sue: exultabit iacob ⁊ letabit̄ isrl.
Exaudi deus orationē meā: ⁊ ne
despexeris deprecationē meā: intende
michi et exaudi me. Contristatus sū in ex-
ercitatione mea: et conturbatus sum a voce

Seite des Mainzer Psalter von 1457.
Verkleinert

202

『マインツ詩篇』

込まれたロンバルト文字およびアンシアル文字にある。そして大型の活字は二二八種類、小型の活字は二一五種類つくられた。そのほか大型のアンシアル活字が二四種類、小型のアンシアル活字が二九種類あった。これらを合わせれば四九六種類の活字となり、『四十二行聖書』で用いられた活字より二〇〇種類も多かった。さらにその大きな頭文字は文字というよりは図案ともいうべきもので、文字が赤で周囲が青（またはその逆）の色で鈴蘭の花が彩色されているのだ。

前述したようにこの作品は、すでにグーテンベルクによってはじめられ、フスト&シェッファーのコンビによって完成されたものである。しかしこれだけの完成度を保証した技術的な基盤は、やはりグーテンベルクの優れた金属加工技術にあった、という認識の点でほとんどすべての研究者の一致をみている。

その準備作業はすでにフストによる提訴以前にはじまっており、裁判の進行中も続けられたものとみられている。その意味で『マインツ詩篇』は、部分的にはグーテンベルクの作品であったといえる。と同時にこの巨匠の作品を、ヨハネス＝フストとペーター＝シェッファーがいかに模範的にそれを継続発展させることができたか、ということが確認されるわけである。この二人としては自分たちの最初の作品でもあったから、古い主人にひけを取るものではないことを、従業員やマインツの人々に証明する必要があったのであろう。さらに巨匠を凌駕することによって、従業員たちの古い主人への思い出を払拭しようともしたのであろう。

ところで詩篇というものは旧約聖書の一部をなすもので、一五〇の詩歌から成り立っている。そしてそれらは教会の日々の典礼用詩歌や賛美歌として用いられていた。そのためこうした本は、先唱者や、できれば合唱隊の隊員も一緒に読むことができるように、大きな活字で印刷されていなければならない。さらに本の中には、中世の音符であるネウマや定量記符が、彩飾工または合唱指揮者によって書き込まれていた。とにかく詩篇はミサ典礼にとって必要なものだったので、おそらく修道院や教会で大きな需要があったものと思われる。そしてその本の素晴らしいできばえによって、フストとシェッファーは聖職者たちからお墨つきをもらっただけでなく、商売の点でも成功を収めたものとみられる。

その他の作品

その後『マインツ詩篇』の第二版が出版されたが、このときは二四六ページに縮小されていた。詩篇中の詩歌の多くは通常のミサにはまったく不必要だったからである。初版、第二版あわせて『マインツ詩篇』の現存するものはわずか五部にすぎず、今日では『四十二行聖書』と同じぐらい高価なものである。

次に印刷されたのは、『カノン゠ミサエ』と呼ばれる小作品であった。これは二つ折り判二四ページのものだが、ミサ典書の中で世界中のすべてのカトリック教徒に共通するのが、この『カノン゠ミサエ』だといわれている。それだけにいっそう需要が多かったのであろう。

さらに三番目の作品として、一四五九年に『ベネディクト詩篇』と呼ばれるものが出版された。これは『マインツ詩篇』を改編したものだが、聖歌の収集や順番は、ベネディクト派のブルスフェルト信心会の規定によって変更されていた。判型は大きくなり、大きな活字にふさわしいものになっていた。活字や書体のデザインの美しさは、一四五七年の『マインツ詩篇』初版を凌駕している。『ベネディクト詩篇』はベネディクト派修道会から直接注文を受けたものとみられている。グーテンベルクがフランシスコ修道会との関係が深かったのに対して、ペーター゠シェッファーのほうはベネディクト派修道会とのつながりを深めていったようだ。

四番目に重要な作品として、デュランドゥスの『ラツィオナーレ゠ディヴィノーヌム』と呼ばれる典礼用規則集が一四五九年一〇月六日に出版された。これは当時教会当局から大変重視され、奨励され、頻繁に用いられていたものである。この作品のためにシェッファーは、新たに大変小さな活字をデザインした。つまり当時の人文主義者の手書き字体をまねた、とても読みやすい「ゴチコーアンティクア体」である。二つ折り判二段組一六一葉で、わずかな例外は除いて、各行は同じ幅にそろっていた。

さらに同じ活字によって、教会法を学ぶ学生たちが必要としていた教会法典に関する書籍数冊が印刷された。そして一四六〇年には教皇クレメンス五世の『コンスティトゥチオーネス』が、一四六五年には教皇ボニファティウス八世の『リーベル＝セクストゥス』が印刷された。こうしてシェッファーは教会が必要とする書物の印刷者になっていったわけである。当時書物を必要としていたのは、教会関係の聖職者か大学の学者であったが、そのどちらかと固く結ばれることによって、売り上げも確保されたのである。

一四六二年八月一四日、つまり後に述べるマインツ市が崩壊する少し前の時期に、新しい大型の「ゴチコーアンティクア体」の活字によって『四十八行聖書』が出版された。ここでは一冊一冊の本の中に、はじめて印刷者標章が刷り込まれたことが注目されよう。

これらの作品の印刷・出版を通じてペーター＝シェッファーは師グーテンベルクの真の後継者であることを実証したのだが、とりわけブックデザイン面では数々の新機軸によって、師の果たせなかったことをもなし遂げたのであった。

3　グーテンベルクのその後の活動

DK活字による小出版物

ヨハネス＝フストとの裁判に敗れたグーテンベルクは、もとの古巣「グーテンベルク屋敷印刷工房」に戻ったが、その内心の打撃は大変なものであったにちがいない。その制約の多い印刷所で我慢せざるを得なかったことは、気の重いことであったろう。しかし外面的にはなお名望あるマインツの都市貴族として、社会的な地位は保っていたようだ。そして引き続き聖ヴィクトーア兄弟団の会員でもあった。

この間の彼の印刷者としての活動はどうだったのであろうか？　裁判所の判決が出た一四五五年末から、マインツ市が落城してグーテンベルクも亡命せざるを得なくなった一四六二年一〇月までのおよそ七年間、種類としてはかなりいろいろな印刷物が「グーテンベルク屋敷印刷工房」で印刷されている。ただしそれらはいずれも小出版物で、『四十二行聖書』に匹敵するような大作の印刷には従事していない。それらは一四四八年以降、ラテン語文法書『ドナトゥス』の印刷のためにつくられたDK活字を用いた小出版物や暦の類であった。

グーテンベルクが「フンブレヒト屋敷印刷工房」の設立と『四十二行聖書』の印刷に没頭してい

た一四五〇年から一四五五年には、「グーテンベルク屋敷印刷工房」ではハインリヒ＝ケッファーとベヒトルフ＝フォン＝ハーナウが、かなり独立したかたちで仕事を続けていたようだ。例の『ヘルマスペルガー公正証書』では、この二人はグーテンベルクのクネヒト（下男、使用人）と記されているが、実際には仕事のうえでの協力者だったのだ。おそらく一定の資金関与すらしていて、それに応じて収入を得ていたものとみられている。前述した『三十一行免罪符』の印刷に当たっては、かなりの所得があったことが考えられる。

ここでは一四五四年の末、ＤＫ活字を使って『トルコ－カレンダー』の印刷が行われている。これは一四五五年用のカレンダーなのだが、じつはオスマン－トルコとの闘争をキリスト教諸勢力に対して呼びかけた政治的な闘争文書でもあったのだ。『キプロス免罪符』の箇所でも述べたように、一四五三年五月二九日にコンスタンティノープルを征服したオスマン－トルコは、その後バルカン半島から南東および中部ヨーロッパを脅かすようになっていたのだ。

これは四つ折り判六葉（一二ページ）で、「反トルコに向けてのキリスト教徒への警告」というタイトルにはじまって、以下毎月キリスト教徒の各聖俗諸侯に向けての呼びかけがそこには記されている。一月～教皇、二月～皇帝、三月～バルカンの諸侯、四月～ヨーロッパ各地の諸侯、五月～大司教、六月～フランス皇太子、七月～ブルゴーニュ・サヴォア・ロートリンゲンほかの大公、八月～ヴェネチアほかイタリア諸都市、九月～ゲルマニア、十月～ドイツ諸侯、十一月～帝国諸都市、十二月〜一四五四年一二月六日にフランクフルトに届いたばかりの対トルコ戦勝の知らせ、となっている。

カレンダーとしてはさらに、一種の医学暦が一四五六年に印刷されている。この暦は一四五七年用の一枚刷りのもので、占星術的観点から瀉血《しゃけつ》と便通剤服用にふさわしい日付けが記されている。そして一枚もののカレンダーとしては、ドイツ語版『キシアヌス』がその後に印刷された。これはカレンダーの日付けを暗記するためのもので、特定の年を想定したものではない。

同じく一四五六年には教皇カリクトゥス三世の『トルコ教書』が印刷されている。これは対トルコ十字軍の結成を呼びかけたもので、ラテン語版とドイツ語版とが印刷された。一四葉（二八ページ）のものだが、印刷部分は二五ページである。さらに同じ年には全世界の大司教区のリストである『ローマ‐カトリック教会管区録』が印刷されている。そしてこのころ、一葉の印刷物『ラテン語祈禱書』も印刷されている。

DK活字で印刷された最後の作品としては、一四四八年用の『占星術暦』をあげなければならない。これは縦七二センチ、横六七センチの一枚もののカレンダーで、六つの部分から成り立っているが、現存するのは一月から四月までの部分だけである。この暦によって素人占星術師は星辰《せいしん》の位置を知ることができ、その助けによって惑星の位置の変化を二〇〜三〇年間にわたって測定できるという。その製作年代については、当初は一四四七年だと思われていたが、後に天文学者の計算によって一〇年ほど遅い一四五七／五八年に印刷されたものであろうと修正されることになった。この点は用いられた活字によっても傍証されている。

この時期の終わりごろには再び免罪符が各種印刷されているが、ＤＫ活字で印刷された小印刷物は、そのおよそ半分が一部ないし断片のかたちで現在に伝えられているにすぎない。

その他のものはまったく消失してしまったのか、それともいまだに発見されていないかのいずれかである。

『三十六行聖書』の印刷

グーテンベルクが関与して製作された聖書には、『四十二行聖書』（Ｂ42）のほかに『三十六行聖書』（Ｂ36）があるが、これは完本として一三冊が現存しているほか、断片のかたちで何枚かが残っている。これら二つの聖書の印刷の時期については、長いこと研究者はグーテンベルクの原活字であるＤＫ活字で印刷されている『三十六行聖書』のほうが古いものと信じてきた。そのできばえも『三十六行聖書』のほうがよくなく、最終的な輝きに欠けている。

さらに子細に観察すると、そこにはある種の混乱がみら

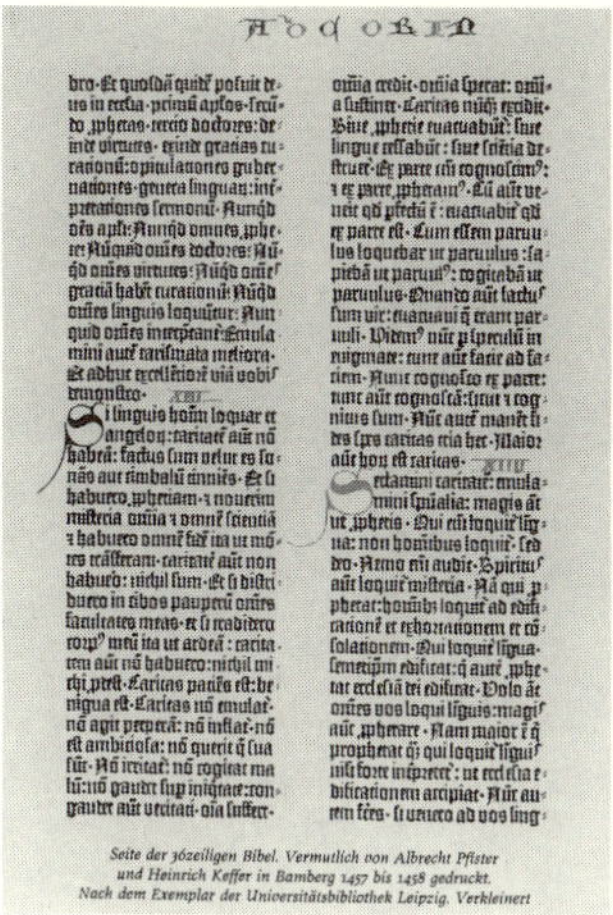

『三十六行聖書』

れる。つまり第一巻の一〜四枚ならびに第二巻の一、二枚が他人の筆写によって書かれていることがわかる。しかし後になって、残りのすべてのテキストに対しては『四十二行聖書』を原稿にしていることが発見された。これによって印刷の時期は『四十二行聖書』のほうが先であることが特定されることになったのだ。パリ国立図書館所蔵の『三十六行聖書』の断片にはイニシャルなどを彩飾する人のメモ書きが記されていて、そこには彩飾の仕事が一四六一年に終了したと書かれている。そこから逆算して『三十六行聖書』は、一四五八年から一四六〇年のはじめごろにかけて印刷されたと推定される。

　ところがこれはマインツの「グーテンベルク屋敷印刷工房」で印刷されたものではなかった。その印刷地はマインツの東およそ二〇〇キロのところにあるバンベルクであった。その理由としては、まず第一にそこの印刷者アルベルト＝プフィスターがすでに一四六〇／六一年の時期にB36の活字を使って仕事をしていたこと、第二に使用された紙のほとんどすべてがバンベルク周辺の紙すき所でつくられたものであることによる。

　一五世紀後半のインキュナブラ（揺籃期本）に用いられた紙には透かし模様が入っていたが、この透かし模様のかたちによって紙の製造地を割り出すことができるのだ。さらに『三十六行聖書』のたいていの本がバンベルク周辺の修道院や博物館に所蔵されていたことも、バンベルクが印刷地であったことを示す有力な傍証になるだろう。

シュトラースブルク、マインツに次いでバンベルクが第三の印刷地として登場してきたいきさつは次のようなものであった。

グーテンベルクとヨハネス＝フストの裁判の箇所で述べた公証人ヘルマスペルガーがバンベルクの出身であることは、前述したところである。この人物が裁判を通じて知ることができた新しい印刷術というものについて、同郷の芸術に関心のある司教に語って聞かせ、この司教から印刷者プフィスターに対して聖書の注文が出されたものとみられている。とはいえプフィスターはそれに先立って『ベーメンの農夫』という本を印刷しているが、これはB36とは比べることができないぐらい粗雑で、欠陥に満ちたものである。しかるにこの人物は前述したように後にB36の活字を用いて仕事をしているわけである。つまりこの間に「グーテンベルク屋敷印刷工房」からグーテンベルクの原活字であるDK活字が運び込まれたというわけである。

この時期グーテンベルク自身は別の作品の印刷に没頭していたため、おそらくかわりに信頼厚い弟子であったハインリヒ＝ケッファーが運んで、アルベルト＝プフィスター印刷工房で印刷に従事したものとみられている。

こうして改良されたDK活字によって聖書が印刷されはじめたが、はじめに予定していた四一行は全体の視覚的バランスを考慮して三六行に減らされた。そのためページ数が増え、全部で一七六八ページにもなった。これにより数冊は三巻本になっている。アルベルト＝プフィスター印刷工房は、全体としてマインツの「フスト＆シェッファー工房」に比べて設備面で見劣りし、このときも印刷工二人、植字工四人で、その他活字の数も少なく、『三十六行聖書』をつくる条件は『四十二行聖書』の印刷のときよりも劣っていた。そのため本としての仕上がりも、この二つを比べるかぎり見劣りしている。それにもかかわらず『三十六行聖書』はなお傑作だといえる。

この作品に対するグーテンベルク自身の貢献としては、活版印刷術という仕組みそのものの移植ならびにDK活字の提供ということになるが、実際の印刷工程全体に対しては、ハインリヒ＝ケッファーが全責任を負っていたものといえよう。このときにはすでにこの人物はグーテンベルクの協力者の地位から、一人の独立した親方の地位へと移っていたとみるべきであろう。なおB36の推定発行部数としては、羊皮紙製二〇部、紙製六〇部といわれている。これはバンベルク司教区の直接の需要を満たす数字である。

B36の印刷終了後にケッファーはバンベルクを去り、その印刷工房は再びアルベルト＝プフィスターが運営していくことになった。彼はその後活版印刷と木版イラスト画を組み合わせた方法で仕事をしている。たとえば寓話集『宝石』という作品を出版したが、これはグーテンベルクやフスト＆シェッファー工房の作品とは質の点でぐんと見劣りするものの、テキスト内容のやさしさとイラスト入りのために売れ行きはよかったという。

つまりこのバンベルクのアルベルト＝プフィスター印刷工房を通じて活版印刷術はマインツの域

外へと飛び出し、その後ヨーロッパ各地へと普及していく先駆けとなったのであった。

『カトリコン』の印刷

「グーテンベルク屋敷印刷工房」に移った後、グーテンベルクはしばらくは従来のDK活字を使って小出版物の印刷を続けていたが、おそらくそれだけでは満足できなかったにちがいない。何か新しいことをはじめたいと思っていたことであろう。ただ従来の工房では手ぜまだし、設備その他も不十分であった。しかし新しい事業に取り組むためには、やはりかなりの額の資金を必要としたのだ。『三十六行聖書』のための協力によって、なにがしかの収入はあったものと思われるが、それでもまだ十分ではなかったのであろう。

グーテンベルクはまた新しい資金提供者をみつけたのであった。その人物はマインツ市の書記官コンラート＝フメリー博士だった。このときも印刷機械と活字が抵当に入れられた。

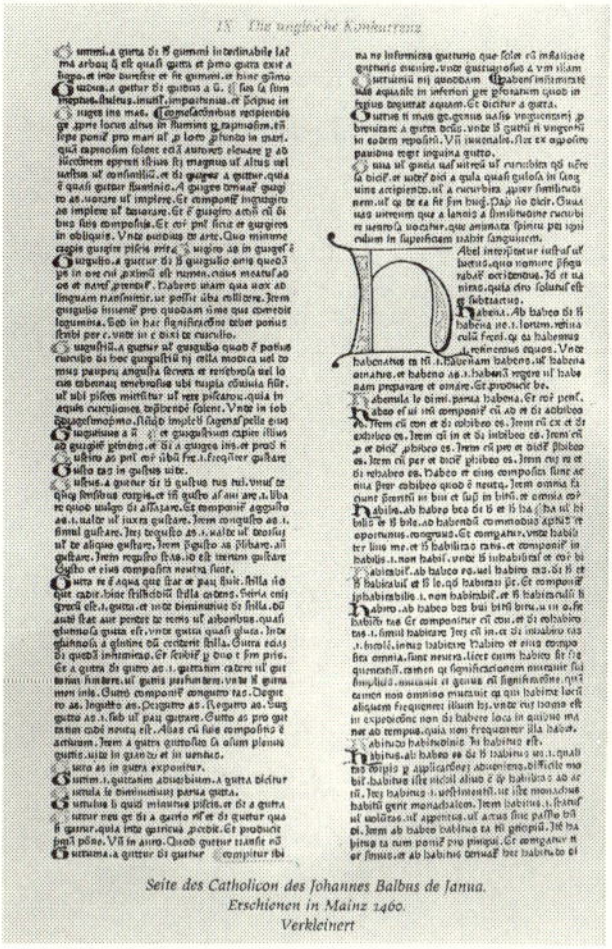
IX Die ungleiche Konkurrenz

Seite des Catholicon des Johannes Balbus de Janua. Erschienen in Mainz 1460. Verkleinert

『カトリコン』

こうしてはじまったのが久々の大作『カトリコン』の印刷であった。時期としてはバンベルクで『三十六行聖書』の印刷が行われていたころである。『カトリコン』というのは文法つきのラテン語大辞典であったが、当時の教養人にとっては一種の百科事典でもあったのだ。これは一二四六年にヨハネス＝バルブス＝デ＝ヤヌアによって編纂されて以来、数百回にわたって写本が出されてきたもので、それだけに売り上げが当初から見込めるものであった。二つ折り判七四四ページという大作で、その推定発行部数は三〇〇部とみられている。巨匠にとってはこれはやはり『四十二行聖書』の印刷以来の大事業だった。今日現存するのは紙製六四部、羊皮紙製一〇部である。そのテキスト量の多さから当時使われていた最も小さな活字が使用された。字体は当時の人文主義者が書いていたゴチコーアンティクア体であった。聖書や詩篇といった宗教的な題材にはゴチック体が向いており、『三十行免罪符』のような一枚ものの印刷物にはゴチック雑種がふさわしかったが、『カトリコン』のような知識の宝庫に対しては、ゴチックの残滓《ざんし》を少し残したゴチコーアンティクア体がふさわしかったのだ。

組み版は『四十二行聖書』と同様に二段組であった。ただ各行の長さはそろっていなかった。これは今日では雑な組み版と呼ばれていて、使い捨ての消費材的作品に用いられているものである。その意味では『カトリコン』は、時代とともに版を改めていく時事的な性格の出版物であったといえよう。永遠に残るものとして、芸術的・美学的観点からいえば、『四十二行聖書』のほうが数段美しく、調和の取れた組み版となっている。そのため昔は『四十二行聖書』の印刷者と『カトリコン』の印刷者が同一人物であるわけはない、と主張されてきた。グーテンベルクのすべての印刷物と同様に、『カトリコン』にも印刷者の名前が記されていないため、古来この作品の印刷者をめぐっていろいろ議論されてきたものである。しかしグーテンベルクはその内容に応じて用いる活字を選んでいたことを考えれば、この点は解決されよう。

ところで『カトリコン』の末尾に、一種の奥付のようなものがラテン語で記されている。全体として神や教会に感謝するといった文言に彩られてはいるが、そこにはこの書物がドイツ人の母なる都市マインツで一四六〇年に完成したことが告げられている。と同時にこれが筆写によるものではなくて、新技術である印刷術によって製作されたものであることも強調されている。ただし印刷者についての記述はここにもみられないのである。しかし研究者アルベルト＝カプルは、さまざまなことを考慮したうえで、このテキストがその校正の仕事に携わったと思われる司祭ハインリヒ・ギュンターによって、グーテンベルクと相談のうえで書かれたものとみている。そして詩篇の奥付に印刷者の名前を明示したフスト&シェッファー工房の方法とグーテンベルクの匿名性へのこだわりを比較して、次のように述べている。

「カトリコンの印刷者覚え書きと詩篇の印刷者覚え書きの異なったテキストは、ほとんど対立するような世界観を示しているが、こうしたことは後期ゴシックから初期市民時代（ルネッサンス）にかけての時期に典型的にみられたことである。カトリコンの印刷者はなお教会および信徒の共同体と固く結びついていて、この者にとっては印刷術の発明は感謝して受け取るべき、神からの贈り物であった。フンブレヒト屋敷内の印刷者は、個人的業績に対して誇りを示している。商業的な宣伝の意味においても、その思考は中世的な価値体系から自由で、個人の商人的な発展を示している」

ここからはキリスト教的中世と深く結びついたグーテンベルクと、初期資本主義的な姿勢を示していたフストという対立の構図が浮かび上がってくる。しかしグーテンベルクも全き中世人というわけではなく、資本や利益のもつ意味を十分に認識し、その法意識の面でもなお中世的教会法にこだわっていた反面、新しいローマ法の利点は受け入れていたのだ。その意味で、彼はまさに中世からルネッサンスにかけての過渡期に生きた人物として、その意識も過渡的なものであったといえよう。

『ノイハウゼン免罪符』

これは一四六一年および六二年に、マインツの二つの印刷所つまり「グーテンベルク屋敷印刷工房」と「フスト&シェッファー工房」で印刷されたものである。両印刷所にとって印刷自体は大した意味をもつものではなく、むしろ『ノイハウゼン免罪符』の印刷はその背景にある当時の政治状況を反映したものであった。と同時にこれは当時のグーテンベルクの人間関係を浮かび上がらせるものでもあったので、以下そのあたりを説明することにしよう。

まず当時のドイツを取り巻いていた政治状況からみていくことにする。

一四五九年六月一八日、ディーター＝フォン＝イーゼンブルクがマインツ司教座教会参事会によって、一票差で新しいマインツ大司教に選出された。これは明らかに政治的な色合いの濃厚な選挙であった。この人物はもともと代議制システムへの好みをもち、このことはマインツ住民や関係者には周知の事実であった。マインツ大司教はドイツ皇帝を選ぶ七選帝侯の一人で、世俗的にも大きな権力を有していたが、このときはもう一人の選帝侯フリードリヒ＝フォン＝デア＝ファルツと利害の衝突が起き、一四六〇年七月一四日には戦闘が行われた。

この戦いに大司教は敗れ、ライン河畔ウォルムス近郊のノイハウゼン修道院が破壊された。しかし両者の間にはまもなく講和が成立し、同時に向こう二〇年間の同盟関係も結ばれた。そして両者は破壊されたノイハウゼン修道院を再建することで意見の一致をみた。その際再建資金を集めるために、免罪符の発行許可をローマ教皇ピウス二世に求めた。教皇はこれを許可し、その執行を側近のルドルフ＝フォン＝リューデスハイムおよびウォルムス司教ラインハルト＝フォン＝ジッキンゲンに委託した。

こうして免罪符が印刷されたが、現存するものを見ると、その内容はほとんど同じでありながら、二種類の異なった活字で印刷されている。ひとつは先に述べた『カトリコン』印刷の際に鋳造されたもの、もうひとつはドゥランドゥス活字と呼ばれるものである。ドゥランドゥス活字がフスト＆シェッファー工房にあったものであることは立証されており、このことからこれがその印刷工房で印刷されたものであることは間違いない。そしてカトリコン活字による免罪符は「グーテンベルク屋敷印刷工房」で印刷されたものと推測されている。

カトリコン活字による免罪符のうち現存する一枚には、依頼主であったルドルフ＝フォン＝リューデスハイムの紋章入りの印鑑が押してある。この紋章に三人の人物が描かれているが、そのなかの一人が十字の旗を持った聖ヴィクトーアである。ルドルフはこの聖ヴィクトーア司教座聖堂の首席司祭であるが、新しいマインツ大司教ディーターの後任としてこの地位についたのである。そしてグーテンベルクはこの聖ヴィクトーア兄弟団のメンバーだったのである。兄弟団の会員は毎年四回ミサに出席し、祭壇に相応の贈り物をすることになっていた。またある会員が亡くなったときには、兄弟団によって葬儀が営まれることになっていた。この聖堂兄弟団とグーテンベルクとの結びつきは立証されている。そうした結びつきから発明者は聖堂首席司祭に義理を感じて、免罪符の印刷を行ったものと考えられるのだ。

第七章　マインツにおける騒乱と晩年の生活

1　マインツ大司教の座をめぐる争い

巨匠の頭上に垂れ込める暗雲

グーテンベルクは訴訟に敗れた後も活動を続けてきたわけだが、すでに年齢は六〇歳に達していた。その生涯はまことに波乱に満ちていたが、晩年も決して平穏なものではなかったのだ。すでに子どもの時代から彼は家族とともにマインツを逃れざるを得ず、その一時期には両親の家から離れて暮らさなければならなかった。そして青年時代には、マインツの都市貴族とツンフトとの間の政治的な争いのために、シュトラースブルクへ亡命したわけである。そこで「黒い魔術」の噂をささやかれながらも、活版印刷術の発明のためにひそかに共同事業を起こし、それが一定の成果を収めるかにみえたとき、協力者のアンドレアス＝ドリッツェーンがペストで亡くなり、その事業は打撃を受けた。

それを克服して新たに地位を築き上げ、たぶん最初の印刷物を世に出したとき、アルマニャック傭兵隊の襲撃を受け、シュトラースブルクを逃れ再び故郷の町マインツに戻ってきた。そして苦労の末にそのクライマックスともいうべき『四十二行聖書』の完成によって活版印刷術の発明者としての栄誉を受けようとした、まさにそのときにフストとの訴訟に巻き込まれた。そして訴訟に敗れたため、大金を投じて設立した「フンブレヒト屋敷印刷工房」は取られ、その後の諸計画も断念せざるを得なくなった。

この後『カトリコン』を「グーテンベルク屋敷印刷工房」で完成し、バンベルクでの『三十六行聖書』の印刷に協力するなど、しばらく小康状態が続いていたが、今またその頭上には暗雲が垂れ込めてきたのだった。

一四六〇年ごろのドイツ・ヨーロッパの政治・宗教情勢

第二章の3の「成人後のグーテンベルク」の中で述べたように、バーゼル宗教会議（一四三一～四九）の初期に教会改革派（宗教会議支持派）の代表として活躍したのが、グーテンベルクの知り合いであったとみられているニコラウス＝フォン＝クースおよびその友人であったエネア＝シルヴィオ＝ピッコロミニだった。

本書ではこれまでこの二人の人物についてはたびたび触れてきたが、その後この二人は宗教会議支持派から教皇派へと、その立場を変えていた。そうすることによってピッコロミニは教皇の地位を、そしてクースは枢機卿の地位を得たのであった。教皇ピウス二世として西ヨーロッパで最強の人物になったピッコロミニであったが、政治の表面には出ずに、むしろ背後で糸を操っていた。いっぽうクースのほうは誠実な心をもって長年教会改革をなし遂げようとしたのだが、けっきょくオーストリア大公ジギスムントの力に屈して、改革を後退ないし放棄せざるを得なくなった。

そのころドイツでは、バーゼル宗教会議のあいだ政策を決定していた二つの党派、つまり教皇派と宗教会議派が依然として争っていた。しかし巧妙で粘り強い政策によって、教皇派が次第にその地盤を固めていた。それによってドイツ政策が遠いローマによって規定される傾向が強まっていた。バーゼル宗教会議以来、終始改革派であり続けたグレゴール＝フォン＝ハイムブルクは一四五九年、かつての友であった教皇ピウス二世と争い、それによって破門を受けた。改革－宗教会議派は、自分の利害を国民全体の利害に優先させていたドイツの諸侯たちの互いの争いによって、力を弱められていたのだ。

とはいってもドイツ人のなかの国民意識に目覚めた勢力は、ドイツに対するローマ教会の支配に大きな不満を感じ、教会改革を目指して新たな宗教会議の開催を求めていた。そこで宗教会議召集の前提となるドイツ諸侯会議開催の権限を握っていたマインツ大司教の座に人々の注目が集まることになったわけである。

マインツ大司教と教皇の対立

こうして一四五九年六月一八日、ディーター＝フォン＝イーゼンブルクがマインツ大司教に選出されたのである。しかしドイツ人によって選ばれた大司教は、いつ宗教会議の召集を迫ってくるかもしれないので、転向した教皇ピウス二世にとってはいやな存在だった。

大司教選出の後、マインツの司教座聖堂参事会首席は、教皇にこの選出を追認してもらうために、使節団を送ることにした。教皇はこの使節団を迎え入れたが、大司教のシンボルとしての大司教用肩衣の授与に当たって、次のような条件をつけた。第一に選出された者は、一般的な宗教会議を要求すべきではない、第二に教皇が事前に了解を与えるときを除いて、決して諸侯会議を召集してはならない、第三にトルコとの戦いのために、大司教区の総収入の一〇分の一を教皇のために保証する。しかし帝国第一の選帝侯であったマインツ大司教に対する、こうした屈辱的な諸要求を使節団は拒否した。

　このあとドイツ人が選んだマインツ大司教をローマ教皇が認めるか否かという問題は容易には決着がつかず、ドイツに対するローマ支配を強めようとする教皇と、教皇の支配に反発して対立していくドイツの中のナショナリスト勢力、そして自分の利害を優先させるドイツの分権主義的な諸侯たちの間で、激しい攻防が続けられることになる。

ディーター＝フォン＝イーゼンブルク

　ローマ教皇のドイツ支配の具体的な手段として、大司教用肩衣取得納金、聖職録取得納金、上納金などがあったが、これらはその支払いに固執した教皇派と支払いを不当なものとみた改革派の間の絶えまない争いの種となっていた。バーゼル宗教会議で大司教用肩衣取得納金は廃止されたが、後にウィーン協約でこれは再び認められることになった。そしてマインツ大司教に対しては、その金額が一万グルデンと定められた。ところがピウス二世は新しく大司教に選出されたディーター＝フォン＝イーゼンブルクに対して、このとき金額を二倍に引き上げたのであった。これに対して新大司教はその支払いの拒絶を告げ、教皇によって破門を受けることになった。

ここに至ってディーター大司教は断固たる対決姿勢を示した。そして一四六一年二月ニュルンベルクに諸侯会議を召集し、改革派の闘士ですでに破門されていたグレゴールを顧問に迎えた。この会議では、教皇がおそれていた新たな宗教会議の開催が要求された。マインツ大司教と同様にローマから意のままに操られていると感じていた多くのドイツの諸侯や司教たちの同意を、彼は勝ち得たのであった。

ところがこれに対して教皇側も負けてはおらず、秘密裏に巧妙で柔軟な作戦が展開されたのである。つまりマインツ大司教をその同盟者たちから孤立させるために、特別使節を派遣して同盟者を個別撃破する作戦をとったのである。その際それぞれの諸侯、司教の個別の利害をみてとって懐柔したり、部分的に譲歩したりして、ディーター大司教から離反させていったのである。

この作戦が見事に功を奏して、マインツ大司教がフランクフルトに二度目の諸侯会議を召集したときには、ドイツ皇帝がこれに反対してフランクフルトで会議が開けなくなった。そこできゅうきょ会議は開催地をマインツに移して開かれたが、そこには皇帝およびすべての諸侯の姿はなかった。

こうして教皇の巻き返しは成功し、先のニュルンベルク決議は撤回せざるを得ないことになってしまったのである。

そのいっぽうで教皇は、一四五九年の大司教選挙の際に敗れた候補者アドルフ＝フォン＝ナッソーを新大司教に任命し、ディーター＝フォン＝イーゼンブルクを罷免する措置をとった。その際に教皇はドイツの全諸侯に宛てて小勅書を発し、教会への一〇分の一税は諸侯の同意があるときのみ徴収されることを認め、これによってドイツ国民の第一選帝侯の罷免という事態に対して、諸侯たちの中立を勝ち得たのであった。

こうした準備をした後、一四六一年九月二六日、二人の教皇特使と教皇によって擁立されたアドルフはマインツ大聖堂参事会の席で、いわばクーデター的な鮮やかさで、教皇の指令を認めさせてしまったのである。こうしてマインツ大司教にはアドルフ＝フォン＝ナッソーが就任することになったのである。

アドルフ＝フォン＝ナッソー

それに先立って改革派の闘士グレゴールは、教皇からの圧力によってディーターのもとを離れざるを得なくなっていた。そこで新しい顧問として就任したのが、グーテンベルクに資金提供したコンラート＝フメリー博士であった。これによってグーテンベルクもこの争いに間接的に巻き込まれることになったのだが、グーテンベルクはその教会改革的な信条や愛国心などから、ディーター大司教の掲げていた政治目標に、大いに共感を覚えていたものと思われる。

ところでアドルフ＝フォン＝ナッソーがマインツ大聖堂参事会によって正式に大司教として認められてからも、マインツに対する実権はなおディーター＝フォン＝イーゼンブルクによって握られていた。とはいっても一時はアドルフと話し合いによって和解しようと考えていたディーターであったが、そのときファルツ伯フリードリヒが彼に援助を申し出てきた。さらにカッツェンエルンボーゲン伯フィリップも出てきて、三者の間に同盟が結ばれた。

こうした情勢の変化に応じてマインツ市民の心はアドルフから離れ、再びディーターを支持するようになった。そして何人かの日和見《ひよりみ》の大聖堂参事会員たちも、旧大司教側に戻ってきたのである。いまやマインツでは、新旧大司教をそれぞれ支持する二つの陣営に分かれて激しい抗争が繰り広げられるようになった。その際に両陣営は、新しいプロパガンダ作戦を展開したのである。

印刷物による最初のプロパガンダ作戦

十六世紀前半のマルティン＝ルターによる宗教改革の際、彼の新しい教説をやさしく述べた小冊子やパンフレットが大量に印刷され、広く民衆の間に配られた。そのためグーテンベルクの活版印刷術は、発明されてから半世紀あまりたってその威力を発揮した、といわれている。しかしこうした印刷物によるプロパガンダ作戦は、じつはグーテンベルクが生きていたマインツ騒乱の時期に、すでにそのはしりともいうべきかたちで展開されていたのである。

マインツの旧大司教ディーターは、マインツ市民に対して明白な態度表明を求めた。コンラート＝フメリー指揮下の市参事会はこの例にならった。そしてさらに聖職者の一人一人から、マインツ市を損害から護るとの誓約を要求した。このとき一部の聖職者は、新大司教アドルフの側についた。一方教皇は、一四六二年二月一日に、ディーターおよびその支持者に破門の呪いを浴びせかけるように指示した。しかしこの指示は、マインツ市民の間では注目されなかった。

こうした訴えや指示の文章は、いまや新兵器として登場した印刷機によって大量に印刷されて、人々の間にばらまかれたのであった。そうしたビラやパンフレットの類はすべてフスト＆シェッファー工房で印刷されていた。一六一二年に出されたシュパイヤーの編年史には、「マインツ最初の印刷者ヨハネス＝グーテンベルクがディーター＝フォン＝イーゼンブルクの通知状を印刷した」と記されている。しかしグーテンベルクによって印刷されたことを立証する実物の印刷物は、残念ながら現存していない。現存しているすべてのビラやパンフレットは、この通知状を含めてすべてフスト＆シェッファー工房で使われていた活字によって印刷されているのだ。

この種の印刷物には正確な日付けが記されていないが、だいたいどのようなものであったのかは、出来事の順序にしたがって整理することができる。最初のビラとしては、フスト＆シェッファー工房の当時の新しい活字、つまり『四十八行聖書』の活字で印刷された皇帝フリードリヒ三世のアピールをあげることができる。ついで一四六一年八月八日以降、ディーター大司教罷免に関するピウス二世の勅書のついた告知ビラがある。それに続いてアドルフ＝フォン＝ナッソーを新大司教に任命することに関した教皇の小勅書がある。これは第二版も発行されている。さらにアドルフの任命に関するマインツ大聖堂参事会員宛ての教皇小勅書を伝える告知ビラが残っている。

一四六二年三月三〇日には、ディーター＝フォン＝イーゼンブルクもその宣言書を印刷させている。それはたぶんフメリー博士によって書かれたものと思われるが、これらは各地の諸侯や都市そして各都市のツンフトに宛てて送られている。このなかでは、発生した争いを、数人の選帝侯や司教から構成される仲裁裁判所に持ち出すことを提案している。また一四六二年春のビラのなかに、アドルフの激しい争いの言葉をみることができる。さらに教皇ピウス二世宛てとなっているディーターによる嘆願書は、教皇に直接送られたものではなくて、一般へのプロパガンダとして発行されている。

これらすべての闘争ビラは、世論を自分たちの陣営につけることを意図し、あわせて敵側陣営を誹謗中傷するものであった。ここに従来から使われてきた刀、槍、弓矢、火縄銃、大砲といった武器と並んで、印刷機から生み出された新たな精神的な武器が登場したのである。

2　マインツにおける熱い戦い

戦闘の準備

一四六二年六月三〇日、ディーター＝フォン＝イーゼンブルク側についていたファルツ伯フリードリヒは、アドルフ側の同盟軍を、シュヴェツィンゲン近郊のゼッケンハイムにおいて打ち破ることに成功した。その際ヴュルテンベルクおよびバーデンの伯爵ならびにメッツ司教を捕虜にして、ハイデルベルクの自分の城に連れていった。この戦闘の勝利によって、ディーターの名声が民衆の間で高まった。

それ以前にディーター大司教によってとられた「坊主の特権と免税特権」の廃止措置は、多くのマインツ市民の心をとらえていた。そしてファルツ伯の勝利はマインツ市参事会員の心を強くとらえ、ディーターにとってもちろん有利に働いた。ファルツ伯およびカッツェンエルンボーゲン伯は、マインツ市防衛のために二〇〇人から三〇〇人の騎馬武者を提供することを申し出た。しかし市長はこれを断っている。もちろんこれは無料ということではなかったが、たぶんそうした傭兵に支払うための金がなかったからであろうと思われる。それほど当時のマインツ市の財政状況は悪かったのである。このためマインツ市は、後に述べるようにその防衛が手薄のままに放置され、アドルフ大司教とその同盟軍によって略奪・占拠されるという事態を招いてしまった。

　マインツ都市民のなかにも二〇〇人ほどアドルフ陣営につくものがいた。それはひとつには教皇の指示にしたがったためであったが、他方利己的な下心によってアドルフから報酬を求めてのことでもあった。当時マインツの西のやや離れたエルトヴィルに本拠を構えて采配をふるっていたアドルフは、同盟軍の将軍たちとの間で、マインツ市攻略の後、略奪品を分配することについて極めてあくどい取り決めをしていた。いわば「捕獲した熊の皮」の分配をどのようにすべきか、ということを記した何枚かの不吉な文書が残されているのだ。

　それによると、「ワイン、穀物、果物、武器、大砲などは、アドルフ＝フォン＝ナッソー、ルートヴィヒ＝フォン＝フェルデンツ（黒い公爵と呼ばれていた）、エバーハルト＝フォン＝エッペンシュタイン、ヴィリッヒ＝フォン＝ファルケンシュタインの間で平等に分配されるべし」とされていた。そして装飾品、金、高価な家具などについては――大聖堂参事会首席の持ち物、教会の装飾品、器具類は除いて――、その半分は二人の諸侯に、他の半分は残りの同盟軍メンバーに分配されることになっていた。捕虜に関しては、もっぱら二人の諸侯のものとされた。最高軍事司令官には戦利品の一〇分の一が、他の傭兵隊長たちにはそれぞれ五〇〇〇グルデンが保証された。そして最初に市壁を突破した兵士には、民家一戸と一〇〇〇グルデンが与えられることになっていた。

　この契約は、まさに教皇によって任命された大司教にはまったくふさわしくない「盗人の契約」

であった。

戦闘の開始

アドルフの同盟軍は、一四六二年一〇月二七日にマインツでディーターがファルツ伯とカッツェンエルンボーゲン伯と会見するとの情報を得た。そこでこの時期にマインツに侵入して三人と敵を捕らえようとした。ところが従軍司祭から星占いの結果日和《ひより》がよくないとの警告を受け、会見は一日延期された。その翌日の一〇月二八日の夜明けごろ、アドルフとその同盟軍はガウ門の近くで攻撃の火ぶたを切った。そこは市壁と民家の間にワイン畑や果樹園が広がっている地域であった。数人の兵士が梯子を市壁に掛けて乗り越えた。そして五〇〇人ほどの武装兵士を市内に導き入れるために、ガウ門とアプトミュンスター門を開け放った。ライン川方面からは、発火信号によってラインガウの者たちが集まってきた。一〇〇〇の騎馬兵と二〇〇〇の歩兵だったが、そのなかには四〇〇のスイス人傭兵がいた。

午前五時、聖クウィンティン塔で早鐘が打ち鳴らされた。市民のある者は市壁に向かい、またある者はツンフトハウスに向かった。市庁舎の前に集まった者たちに対して、ディーター側の将軍が命令を発した。守り手の中に特に目立つグループがいたが、それはヨハネス＝フストの弟で副市長のヤーコプ＝フストの率いるグループであった。夜の間市内にいたディーター大司教とカッツェンエルンボーゲン伯は、市壁とライン川を伝って逃げのびた。その前に大司教は市民に対して全力をあげて町を守るように呼びかけ、自分はホッホハイムから援軍をつれて戻ってくるであろうと告げた。その間に新たな敵軍が町に入ってきて中心部を制圧した。ディーターの援軍が到着したときには、すでにことは決していた。その一部はただちに逮捕された。この日の戦闘で四〇〇人のマインツ市民が命を落とした。夕方ごろになって戦闘は終了した。市民の家々、聖職者の家々そしてユダヤ人の家も略奪にさらされた。

　翌日になって勝利者のアドルフ＝フォン＝ナッソーが町に入ってきた。生き残ったマインツ市民がディートマルクトに呼び出された。彼らは武装したラインガウ兵とスイス兵によって取り囲まれた。アドルフ大司教は彼らに向かって、教皇および皇帝への不服従によって命を奪われてしかるべきところを、恩赦によって町からの追放だけで許してやると演説した。マインツ市民は温情を求めたが無駄なことで、全員ガウ門へと追いやられてしまった。途中沿道にはスイス兵とラインガウ兵が立ち、偽証者とか異端者と叫んで、口々にののしった。追放された者たちの家屋敷は収奪され、新しい大司教の支持者に与えられた。市の金庫のすべての金、店の商品、数え切れない宝物が侵略者の手に落ちた。

　また、マインツ市はすべての特許状をアドルフ大司教に提出しなければならなかった。そのいっぽうで町のすべての債権者および終身年金の受給者の請求はすべて却下された。つまり新大司教は町の借金をなんら引き受けなかったのである。この戦いの損害の総額は二〇〇万グルデンにのぼったものとみられている。その金の多くはローマ教皇のもとに流れていった。聖職者のすべての特権は再び回復された。

ディーター＝フォン＝イーゼンブルクは大司教の地位を放棄した。そのかわりかなりの額の補償金を手にした。そして翌年の一四六三年一〇月にフランクフルトの輝く集会で、選帝侯の剣を差し出し、教皇特使から罪の赦しを受けた。マインツ市民のこうむった大きな犠牲に比べて、その張本人が受けたこの厚遇に対しては、どう考えたらよいのであろうか。

マインツ市の敗北、略奪に対しては、じつは市民のなかに裏切り者がいて、敵と通じていたことがひとつの大きな要因であったといわれる。つまり庭師で算数の教師でもあったシュテルンベルク、二人の大工の棟梁フィッシャーとオルトヴァイン、綱製造職人オルトヴィン、漁師のドゥーデなどがアドルフ派と通じ、ガウ門の番兵を買収して門を開けさせた。そして市内の防衛態勢そのものも、前述したように財政不足のため手薄だったのである。

グーテンベルクの消息

この間活版印刷術の発明者はどうしていたのであろうか？　このことを記した直接的な史料は存在しないので、その具体的な動きについて述べることはできない。しかしグーテンベルク研究者によって彼がおおむねディーターの党派に属していたものとみられているところから、その運命はグーテンベルクにとって過酷なものであったことは想像できる。そしてグーテンベルクがその家屋敷を没収されたことは確かだといえるだろう。例の「グーテンベルク屋敷」は、このときからアドルフ側にいた人物にずっと貸与されていたことがわかっているのである。

グーテンベルクとその従業員は、マインツ陥落直後の一四六二年一〇月三〇日に、おそらく多くのマインツ市民と一緒にディートマルクトに集められ、武装したアドルフ側の傭兵たちの罵声を浴びながら、ガウ門を通って町を出ていったものと思われる。おそらく従業員たちは、市壁の外でもう一度師匠のまわりに集まり、行く末のことや将来仕事をする場所などのことを話し合ったにちがいない。弟子のうちの何人かは、すでに印刷の経験があるシュトラースブルクとバンベルクへ、また何人かはライン川に沿ってバーゼルやケルンへ、そしてその他の者は国外とりわけイタリアの諸都市を目指したのであろう。彼らは印刷術の秘密を守るという約束から、もはや自由になっていたのだ。そのうちの何人かは、運よく印刷器具や印刷物などを持ち出すことに成功したかもしれない。しかしたとえそうした直接の機械や器具あるいは関連の材料を持ち出せなかったとしても、グーテンベルクのもとで積んだ活版印刷の経験とその技術こそが、彼らにとって何よりの財産であったのである。

いっぽう「フスト&シェッファー工房」も、おそらくマインツが陥落したときに破壊され、翌年一四六三年の二、三月ごろまでは休業状態にあったものと思われる。そしてその主であるヨハネス

＝フストとペーター＝シェッファーおよび従業員も、一時的に町から追放されたのであろう。

しかし多額の資金を持っていたヨハネス＝フストとペーター＝シェッファーはまもなく町が平穏になると戻ってきて、再びその印刷工房をマインツ市内に再建して仕事を再開している。ただその従業員の一部は、マインツを離れたまま戻ってこなかったと思われる。

こうしてマインツを去って、ドイツやヨーロッパの各地で活動をはじめた初期の印刷者やその継承者のことについては、後に章を改めて述べることにする。彼らこそ活版印刷術の伝播・普及者であったのだ。

3　エルトヴィルへの亡命と晩年の暮らし

兵火がなお消えやらぬマインツを後にしたグーテンベルクは、どこへ行くことができたのであろうか？

エルトヴィルへの亡命

一説によれば、彼は実の姉エルゼの娘の住んでいたフランクフルト＝アム＝マインへ逃れたといわれている。しかし彼はその昔、つまり一四四二年に借りた借金を返済しなかったため、フランクフルトから追放処分を受けていた。そのために今度もそうした危険な場所に足を踏み入れたとはとうてい考えられないのである。

そのかわりに彼が避難場所として選んだところは、アルベルト＝カプルによればエルトヴィルをおいてほかにないという。ここはマインツの近郊といってもよいくらいの近さのライン河畔の小さな町で、巨匠の母親が相続した家屋敷があったため、少年時代に家族とともに過ごした可能性がある。そして一四六二年には実兄フリーレの娘婿ヨーハン＝ゾルゲンロッホがエルトヴィルに住んでいたのだ。この人物とグーテンベルクは良好な関係にあったので、亡命先として選んだのであろう。そこは昔からゲンスフライシュ家ないしはグーテンベルク家と縁の深い場所だった。そのためグーテンベルクが心を許すことができた同志も住んでいたのだ。

ところで巨匠と一緒にエルトヴィルに移ったのは誰だったのだろう？　使用人バイルデックとその妻はこのときもグーテンベルクに同伴したのか？　それともこの二人はもはや生きていなかったのか？　のちにこの地に設立されたベヒタームュンツェ印刷工房に加わったヴィーガント＝シュピースは、このとき巨匠と一緒だったのか？

これとは別だが、ラインガウにこの時期に建てられたマリーエンタール修道院に、後にヴェネチアで最も美しく、最も完成されたローマン体活字を生み出したフランス人、ニコラウス＝イエーンゾンについての記述が残されている。そしてこの記述からこの人物が一時期そこに隣接するエルトヴィルでグーテンベルクとともに仕事をしていた可能性が出てくるわけである。

ニコラウス＝イエーンゾンはエルトヴィルにいたのか？

この人物はインキュナブラ（揺籃期本）の有能な印刷者の一人であった。その芸術家的才能と技術的能力によって、彼は初期印刷者の代表的人物になっている。フランス語でニコラ＝ジャンソンと呼ばれるこのフランス人がドイツにやってきたのは、もともとはフランス王の命令によるものであった。

そのころマインツでの新しい発明のことを耳にしたフランス王シャルル七世は、一四五八年一〇月四日に勅命を出して彼をマインツへ派遣した。それはグーテンベルクのもとで印刷術を習得し、それをフランスの地に移植せよというものであった。これは今風にいえば、官製の産業スパイであったといえよう。彼はもともとは塗装工だったが、後に彫金師としてパリ王立造幣局で働くことになり、やがてトゥール市の造幣所長になった。

その後マインツのグーテンベルクのもとで仕事をするようになった。この有能な人物はやがて巨匠の信頼を獲得し、印刷術を習得した。しかしそのころフランスでは彼のパトロンだったシャルル七世が亡くなり、ルイ一一世が王位につくにおよんで事情がかわり、彼としてはフランスに戻ることに希望が見いだせなくなった。

そうこうするうちにマインツの騒乱に巻き込まれたわけだが、巨匠に対する尊敬の念から、エルトヴィルへ一緒に移った可能性が高いのだ。そして一四六三年には巨匠のために、エルトヴィルの小さな印刷工房の設立の手助けをしたと思われる。

ベヒターミュンツェ印刷工房

このエルトヴィルの印刷工房は、ハインリヒおよびニコラウスのベヒターミュンツェ兄弟が所有していたため、ベヒターミュンツェ印刷工房と呼ばれていたが、印刷所設立に際しては、グーテンベルク自身が乗り出して指揮をしたものと思われる。その際には新しいパトロンだったコンラート＝フメリー博士からも財政援助が行われたものとみられている。そしてマインツを逃れたとき、活字鋳造具、「カトリコン活字」の母型や活字、その他印刷関係の道具類も持ち運ばれたものと思われる。

というのはこの新しい印刷工房で、一四六四年に「カトリコン活字」を用いて印刷された免罪符の存在が、一九七〇年代末になって知られることになったからである。それまで免罪符は、一四五四／五五年の『キプロス免罪符』、そして一四六一／六二年の『ノイハウゼン免罪符』が、それぞれ二つの異なった活字によって印刷されてきたことはすでに述べたとおりである。

ところがこのときも、やはり二つの違った活字で免罪符が印刷されているのである。つまりエルトヴィルの「ベヒターミュンツェ印刷工房」のものと、もうひとつ「フスト&シェッファー工房」で印刷されたものとの二種類である。従来はこの後者の印刷工房で、「ドゥランドゥス活字」および「四十八行聖書活字」をディスプレイタイプとして用いて、一四六四年に印刷された免罪符だけが知られていたのである。

これら二種類の免罪符に使われた活字を細かく観察すると、「フスト&シェッファー工房」で印刷されたものには、Universisという単語の頭文字がUとなっているのに対して、「ベヒターミュンツェ印刷工房」で印刷されたものには、同じ単語の頭文字がVになっているのだ。そのため研究者の間では、この二つの免罪符は『U免罪符』と『V免罪符』というように区別して呼ばれている。『U免罪符』は以前「フスト&シェッファー工房」で印刷された『三十行キプロス免罪符』に似ており、『V免罪符』は以前「グーテンベルク屋敷印刷工房」で印刷された『三十一行キプロス免罪符』を思い出させるものとなっている。

これら二つの免罪符の刷り上がりを比べてみると『U免罪符』のほうが美しいが、それは新設の「ベヒターミュンツェ印刷工房」における活字見本の不足からくるものといわれている。豊かな資金のもとに再建された「フスト&シェッファー工房」と、マインツから運んできた活字見本が中心になっていたとみられる「ベヒターミュンツェ印刷工房」との、規模や設備の違いがそこに反映しているのである。

ついで「ベヒターミュンツェ印刷工房」では、一四六五年から一四六七年にかけて『ラテン語－ドイツ語辞典』が印刷された。これは以前の研究では、七年前「グーテンベルク屋敷印刷工房」で印刷された文法付きのラテン語大辞典『カトリコン』のダイジェスト版だとみられていた。その後の研究で、ここにはドイツ語の単語が数多く含まれていることが判明した。そのためラテン語とドイツ語の辞典を兼ねたものであると今日ではみられている。ただ四つ折り判一段組一六六葉で、『カトリコン』の七分の一の分量しかなかった。しかしそれだけ簡便で値段も安かったので、売れ行きのほうはよく、あいついで四版を重ねている。印刷機の上に組み版を二つ並べて同時に印刷することができたので、能率よく大量生産することができたのだ。

この『ラテン語－ドイツ語辞典』には、印刷者としてハインリヒとニコラウスのベヒターミュンツェ兄弟の名前が記されている。そしてその活字は、新しく鋳造された角の鋭い活字が使用されている。グーテンベルクがマインツから運んできた「カトリコン活字」の母型をモデルにして、新たな活字が鋳造されたわけである。ただしグーテンベルク自らこの印刷にかかわったかどうかは明らかではない。発明家とともにマインツからエルトヴィルへ移ってきたヴィーガント＝シュピースという印刷工が印刷に従事していたものとみられている。『ラテン語‐ドイツ語辞典』はグーテンベルクの死後も、シュピースの手によって新たな版が出ている。第二版が一四六九年、第三版が一四七二年となっている。

こうして「ベヒターミュンツェ印刷工房」は軌道に乗っていったわけだが、ライン川の河畔の小さな町エルトヴィルが、マインツ、バンベルク、シュトラースブルク、ローマなど当時の重要な都市と肩を並べることができる印刷地としての栄誉を担えたのは、やはりグーテンベルク自らがその印刷所建設に関与したことが大きな要因となっていたといえよう。

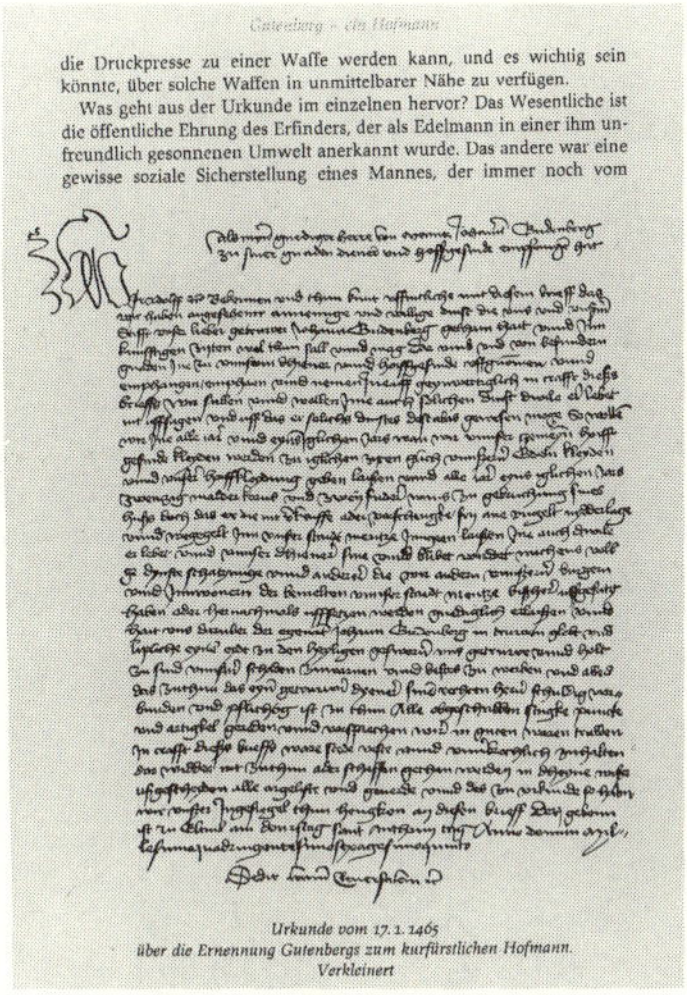
die Druckpresse zu einer Waffe werden kann, und es wichtig sein könnte, über solche Waffen in unmittelbarer Nähe zu verfügen.

Was geht aus der Urkunde im einzelnen hervor? Das Wesentliche ist die öffentliche Ehrung des Erfinders, der als Edelmann in einer ihm unfreundlich gesonnenen Umwelt anerkannt wurde. Das andere war eine gewisse soziale Sicherstellung eines Mannes, der immer noch vom

Urkunde vom 17.1.1465
über die Ernennung Gutenbergs zum kurfürstlichen Hofmann.
Verkleinert

マインツ大司教からの手紙

廷臣グーテンベルク

一四六五年一月一四日、ヨハネス＝グーテンベルクは新しいマインツ大司教アドルフ＝フォン＝ナッソーから、公印付きの一通の手紙を受け取った。それは彼を廷臣として大司教の宮廷に召し抱える、という内容の手紙であった。もともと巨匠は、この新大司教と対立していたディーター旧大司教の側の人物とみられ、そのためにマインツを追われてエルトヴィルに逃れてきたのであった。そういう関係にあった新しい支配者からの任官の申し出であったが、グーテンベルクはこの申し出を受けている。

任官といっても特別の仕事があるわけではなく、いわば名誉職であった。そのわりには待遇はよく、毎年宮廷服、二一八〇リットルの穀物、二〇〇〇リットルのワインが支給されることになった。これには税金はかけられず、すべて自分で使うことができた。もともとワイン好きであったグーテンベルクにとって、これはとてもうれしいことだったにちがいない。再び友人や知人を招いて一緒に杯を傾けることができ、長い苦労の歳月の後にようやく晩年の平穏な日々が訪れたというところであろう。大司教の宮廷人となったことで、再びマインツとの往来が自由になった。おそらくこのときから、多くの都市貴族が昔からしていたように、夏と秋をエルトヴィルで、その他の季節をマインツで過ごすことになったものと思われる。

新大司教アドルフ＝フォン＝ナッソーは一四六二年一〇月末にマインツを侵略して制圧した後、新しい秩序を打ち立てる必要を感じた。そのため対立していたディーター旧大司教とも、翌一四六三年一〇月五日には講和を結んだ。そして不倶戴天《ふぐたいてん》の敵の一人であったコンラート＝フメリー博士に対しても、その損害に対する経済的な補償を行った。こうして自らが支配するマインツ大司教区内での政治的な分裂を克服していったのである。

このようにかつての敵との急速な和解の雰囲気が広まるにつれて、マインツが生んだ偉大な功労者であったグーテンベルクに対しても、陽が当たるようになってきたわけである。おそらくローマの枢機卿ニコラウス＝フォン＝クースの周辺やバンベルク司教あるいはパリ大学からも、アドルフに宛てて活版印刷術およびその発明者に注意を向け、その功績を顕彰するようにとの示唆があったものと思われる。また新大司教自らも、大司教の地位をめぐる抗争を通じて、プロパガンダの新兵器としての印刷術に対して認識を新たにしたにちがいない。こうしてはじめに述べた公印付きの手紙の発送へと、事態が進んだことと思われる。

大司教の宮廷への任官によって、それまで日陰者の身であったグーテンベルクは晴れて堂々と人前へ出られる身分となり、非友好的な態度をとっていた周囲の人々からも認められることになった。こうした人間関係の問題とともに、収入の道が極度に限られて経済的に苦しくなっていたときでもあり、生活上の安定と保証が与えられたことは、晩年のグーテンベルクにとってはやはり大きなことであったろう。

またエルトヴィルにおける新しい印刷所も、大司教の陰ながらの支援を受けることになって、何かと商売上もやりやすくなったと思われる。そしてアドルフ大司教としても、グーテンベルクを顕彰することによって『四十二行聖書』の出版以来、印刷術やグーテンベルクに対して関心をもっていた教皇ピウス二世や枢機卿ニコラウス＝フォン＝クースのいたローマ教皇庁に対して、自己の威信を強めることができたことだろう。

巨匠に対するこうした顕彰は、当時の政治情勢がもたらしたいわば幸運であったといえよう。六〇代半ばにしてようやく手にした穏やかで経済的に恵まれた生活ではあったが、こうした生活もわずか三年で終わりをつげたのである。

4　グーテンベルクの死

晩年の生活

ようやく訪れた悠々自適の生活といっても、すでに六〇代の半ばに達していたグーテンベルクの体は、高齢による衰えをみせていたものと思われる。晩年の数年間、失明していたという疑わしい報告もある。おそらく彼の視力は高齢のために衰え、もはや活字を彫ったり、その輪郭を見わけたりすることもできなくなっていたのであろう。

眼鏡製作の技術は、まさにこのころイタリアからドイツへもたらされているから、グーテンベルクが完全な失明状態に陥っていたとは考えられない。

グーテンベルクについての公式の記録は、アドルフ゠フォン゠ナッソー大司教による廷臣への任命に関する手紙が最後である。しかしグーテンベルクはその後三年あまり生存していたものとみられている。いわゆるツィンマーの年代史にはあるメモ書きが記されていて、そこには「ハンス゠グーテンベルガーはアルゲスハイマーブルシュに住んでいる」と書かれている。このアルゲスハイム屋敷は、クリストフ教会の隣にあって、没収された「グーテンベルク屋敷」からも遠くはなかった。この屋敷も「グーテンベルク屋敷」と同様に大司教アドルフがマインツ占領の際に押収し、その支持者たちに貸与していたものである。おそらく大司教が廷臣への任命に当たって、このアルゲスハイム屋敷を貸与したものと思われる。

マインツ滞在中この屋敷に住んでいたグーテンベルクは、友人や知人をここに招いてワインをふるまっていたと思われる。そんなとき、自分の発明した活版印刷術が、どんな都市や国へ、そしてどんなふうにして普及していったのか、ということもいろいろなところから彼の耳に届いていたことであろう。そしてエルトヴィルで過ごした夏や秋の時期には、「ベヒターミュンツェ印刷工房」も訪れたのであろう。

さらにそうした日々のなかで、かつての共同事業者で、訴訟の相手となった因縁浅からぬヨハネス＝フストがパリで死亡した、という通知も耳に届いたはずである。フストはグーテンベルクよりやや早く、一四六六年一〇月三〇日にペストにかかって亡くなっている。

その最後　グーテンベルクはまちがいなくずっと以前から、とりわけ聖ヴィクトーア兄弟団の団員として、死の準備をしていたものと思われる。この兄弟団は、すべての団員に対して敬虔なる埋葬と死者のためのミサ執行を保証していた。そのため活版印刷術の父は、心安らかにその最後の日を迎えることができたことであろう。

彼の死亡を公式に伝える役所の死亡証明書といったものは存在しない。しかし彼の死に関するメモ書きが、エルトヴィルの司祭で聖ヴィクトーア教会の参事会員であったレオンハルト＝メンゴスという人物によって残されているのだ。このメモは、グーテンベルクの死後に印刷されたある本の中に書き込まれてあり、そこにはグーテンベルクが一四六八年二月三日に死去したということが記されている。

メンゴスという司祭は、グーテンベルクのことをよく知っていた人物にちがいない。この二人は、一四五七年にグーテンベルクの姪のオディルゲンおよびその夫ヨーハン＝ゲンスフライシュ＝フォン＝ゾルゲンロッホがボーデンハイムに土地を買ったとき、ともに特別の保証人になっている。この土地は聖ヴィクトーア教会が所有するもので、地代もそこに支払うことになっていた。エルトヴィルの古い騎士の出身であったメンゴスとグーテンベルクの結びつきは深く、聖ヴィクトーア兄弟団の団員として、メンゴス司祭のミサにもしばしば参列している。

グーテンベルク晩年の住居

いっぽう巨匠のパトロンだった例のコンラート＝フメリー博士は、グーテンベルクの遺産として残された印刷機一式を、マインツの外部へは売り渡さないとする、一四六八年二月一八日付の誓約書に署名している。これはアドルフ大司教の示唆ないしは要請によって書かれたものであるが、大司教としては自分の支配領域で生まれた活版印刷術を外部に漏らしたくなかったため、こうした措置をとったものと思われる。

そしてこうした特別の技術の秘伝ないしは特許を守り抜こうとする考えは、ペーター＝シェッファーやベヒターミュンツェにもみられたようだ。ただしグーテンベルク自身は、若いころから中年にかけてのときのように「秘密の術」に取り組んで、それを漏らさないことに神経をつかっていたときとはちがって、『四十二行聖書』の完成後には、印刷術の普及をむしろ歓迎するようになっていたようである。

それはともかくとして、コンラート＝フメリー博士のこの誓約書は、グーテンベルクの死亡がその少し前であったことを示す傍証になっている。ついでにいえば、フメリー博士はツンフト党の政治的ドンで、血の気が多くえり好みの激しい手工業ギルドに属する若者たちの精神的な父親であったのだが、裕福でこころの開かれた人物だったため、ツンフトとは対立する立場にあったグーテンベルクのパトロンにもなったわけである。

グーテンベルクの遺体は聖フランシスコ教会に埋葬された。グーテンベルクの死後三一年経って、その遠縁に当たるアダム＝ゲルトゥスという人物が、ある本の中に墓碑銘にも似た以下のような追悼の言葉を記している。

活版印刷術の幸福なる発明家に対して
神は、最善にして最高なるものを授けた。
ヨハネス＝ゲンスフライシュ、
すべての国民、すべての言語のために
最大の功績を挙げた
活版印刷術の発明者は、
その名前に対する不滅の思い出のために、
この記念碑を残した。
アダム＝ゲルトゥス。
その遺体はマインツの聖フランシスコ教会の中に、
静かに眠っている。

アダム＝ゲルトゥスはグーテンベルクの遠縁に当たるが、生前の発明家を知っていたものと思われる。法律学の修士で、マインツの聖クヴィンテス教会内のニコラウス祭壇の管理者兼エルトヴィル教区の助任司祭であった。またその一族の一人アルノルト＝ゲルトゥスは、巨匠がシュトラースブルクからマインツに帰還した後、彼に最初に融資した人物であった。

ヨハネス゠グーテンベルクは生まれた年がはっきりしないために、何歳で亡くなったかということは断言できないが、六八歳前後だったと推定される。絶えまない戦争、疫病、病気、傷害など、今日とは比べものにならないぐらい死の危険にさらされ、平均寿命もずっと低かった一五世紀にあってこの年齢まで生きたということは、かなりの長生きだったといえるだろう。彼にとって仕事とは、絶えざる創造のプロセスであった。そうした目標追究の生の中にあってこそ、晩年に至るまで精神の若さと、生き生きした意識を保ち続けることができたのであろう。

第八章　活版印刷術の伝播

1　ドイツの他の都市への伝播

多くの印刷工が町から追放された一四六二年秋のマインツ市陥落の後、活版印刷術は驚くべき速さで、ヨーロッパ諸国へと伝播していったのである。当時は、とりわけ大きな商業都市や大学都市で書物に対する需要が大幅に伸びていた時代であるが、そうした需要に対しては、活版印刷術の助けがあってはじめて供給が追いついたのである。

マインツの印刷所にならってさまざまな土地に、新たに印刷工房が建てられていった。そしてマインツを見本として、新しい印刷機や付随の設備が組み立てられていったのである。そうした準備期間とそれに続く植字や印刷などの工程を含めると、最初の本を売り出すまでには、どの印刷所も二年の歳月はかかった。とにかくそれだけの時間がかかったが、新しい印刷工房を建てるには大変な資金も必要であった。そのためにはまず資金提供者を探すことが不可欠だった。こうした理由から、印刷された本の奥付にはそうした資金の提供者の名前が記されたわけである。

初期の書籍印刷のさらなる特徴としては、印刷者自身がしばしば出版者を兼ねていて、さらに販売者として自分でつくった本を自ら売り歩かなければならなかったことがあげられよう。これらの仕事の専門分化は後になって起こったことである。やがて印刷者は自分のところでつくった活字を他人に売り渡し、こうして最初の活字鋳造所が生まれた。また幾人かの書籍販売者は、ある本の全部数を一括して印刷所に注文した。こうして最初の独立した出版者が生まれた。このような印刷者、活字鋳造者、出版者、書籍販売者の分離という現象は、印刷術の発祥地ドイツよりも、むしろ隣国のイタリアやフランスで早く認められた。

その後のフスト&シェッファー工房

一四六六年にヨハネス＝フストが死んでからは、フスト&シェッファー工房は、もっぱらペーター＝シェッファーが采配をふるって、その全体の運営に当たるようになっていた。一四六二年秋のマインツ騒乱によって一時閉鎖されていた印刷工房も、やがて豊富な資金によって立派に再建された。そして再び輝かしい発展をみせるようになった。そこではもっぱら神学書が発行されていた。シェッファーは『ミサ典書』を印刷し、地元のマインツだけではなく、かなり離れたマイセン、ブレスラウ、クラカウなどの東部地域にも販売していた。こうした神学や宗教関係の本は、各司教管区の事務局によって一括して引き受けられ、司教管区内の教会や聖職者に引き渡されていた。

これを現在に置き換えてみると、学校を通じて教科書を販売するようなもので、販路としては確実で、財政面での危険のまったくない商売だったといえよう。シェッファーは印刷や本づくりに良心的に取り組んでいたため、その値段も高かった。彼は師のグーテンベルクがまいた種を、見事に実らせて取り入れたのであった。

ペーター＝シェッファーは、本づくりのうえで巨匠がなし得なかったさまざまな改良工夫を加えた。たとえば書物にページ数をつけ、刊記を記し、印刷者の標章を入れ、さらに色刷りの印刷、行間のインテル、欄外の注記などを創案した。

ヨハネス＝フストとシェッファーはグーテンベルクから引き継いだ『四十二行聖書』を完成させた後、一四五七年に『マインツ詩篇』を印刷したが、この一五世紀の印刷文化史上特筆すべき作品にはじめて色印刷が用いられるとともに、印刷者名、印刷者マーク、印刷年月日、印刷場所がはじめて刷り込まれた。その後も種々の活字を考案して、幾多の美しい本を印刷発行していった。

しかしマインツ騒乱後は、しばらくしてから印刷所を復興して免罪符の印刷を行ったりしていたが、その経営は相当に困難をきわめたようである。フストの死後シェッファーは、印刷技術者から印刷本販売業者へと活動の重点を移し、商売は再び軌道に乗っていった。そして一四七〇年には、一枚刷りの出版目録というものを発行している。その際に本文に用いたのと同じ活字を使用したため、これは世界ではじめての活字見本帳ともいわれている。しかしながら本来の目的は、書物の宣伝広告にあった。

当時シェッファーはパリをはじめとしてヨーロッパの各地に支店や販売店を設け、自家出版物だけではなくて、他のドイツの印刷業者の手になる書物も広く各地で売りさばいていた点が注目される。そして一四七九年には、当時ようやくドイツ書籍販売の中心地になりつつあったフランクフルト＝アム＝マインの市民権を入手して、事業の本拠地をそこに移す計画も立てた。しかしこれは実現せず、その事業は一四八〇年ごろからようやく衰微のきざしをみせはじめ、同年以降刊行書は減少の一途をたどった。これは同業の強力なライバルの出現によるもので、もはや往時の盛況は挽回することができず、一五〇三年にこの世を去った。

その後事業は息子のヨハン＝シェッファーによって継承されたが、この人物は祖父や父の収めた成果をわずかに守っていっただけであった。そして一五三一年に子どもがいないままに死亡したため、印刷術揺籃の地マインツも印刷・出版業の中心地としての名声を失い、その地位を他に譲ることになったのである。

バンベルク

すでに述べたように、グーテンベルクがマインツで活動していたときに、そこからマイン川に沿って二〇〇キロほど東に行ったところにあるバンベルクで『三十六行聖書』が印刷された。その意味で、シュトラースブルクを除けば、このバンベルクは二番目の印刷地ということになる。この『三十六行聖書』が印刷されたアルブレヒト＝プフィスター印刷工房についてはすでに述べたので、ここでは省略する。

『三十六行聖書』の製作に関与したとみられるヨーハン＝ゼンゼンシュミットは、その後ライプツィヒ出身の修士ハインリヒ＝ペッツェンシュタイナーとともに、バンベルク近郊のミヒェルスベルク修道院の中に印刷工房をつくっている。

そして一四八一年に最初の本として、美しいベネディクト派ミサ典書を印刷したが、これは高い評価を受けた。そのため最初の出版者兼大書籍販売人ペーター＝ドラッハから注文を受け、その委託販売人ヨハネス＝シュミットヘーファーによって、現在のチェコに当たるベーメンやメーレン地方で売りさばかれた。当時それらの地方はドイツ帝国領内にあったのだ。

ヨーハン＝ゼンゼンシュミットはいわゆる遍歴印刷工であり、一四八五年にはレーゲンスブルクでその地における最初の『ミサ典書』を印刷しているし、一四八七年にはフライジングでやはり最初の『ミサ典書』を、さらに一四八九年にはディリンゲンにおいて最初の『アウクスブルク－ミサ典書』を印刷している。

彼の死後バンベルクでは、ヨハネス＝ファイルが典礼書や小規模印刷物の刊行を続けた。もう一人の印刷者ハンス＝シュポーラーは、ところによってすでに発生していた農民戦争を告知した民衆的な小刊行物を印刷・発行した。しかしバンベルク司教選挙に落ちたザクセンのアルブレヒト公を嘲笑する詩を印刷したため、バンベルクから追放され、エアフルトに逃れている。

シュトラースブルク

ここはグーテンベルクが印刷術の発明をひそかに準備していた場所であり、初期の習作ともいうべき『ドナトゥス』や『最後の審判に関する断片』が印刷されたことについては、すでに述べたとおりである。そのころグーテンベルクの助手として仕事をしていたとみられるのが、ハインリヒ＝エッゲシュタインおよびヨハネス＝メンテリンの二人であった。

エッゲシュタインは、その後さらに発展した印刷術を習得するためにマインツに移ったが、グーテンベルクが訴訟に敗れた後の一四五七年に再びシュトラースブルクに戻り、この地の公証人兼金細工師であったメンテリンとともに印刷所を設立した。やがてここで一四六〇／六一年にラテン語の『四十九行聖書』が二巻本で出版された。一四六五年になると二人はそれぞれ別々の印刷所を経営するようになった。

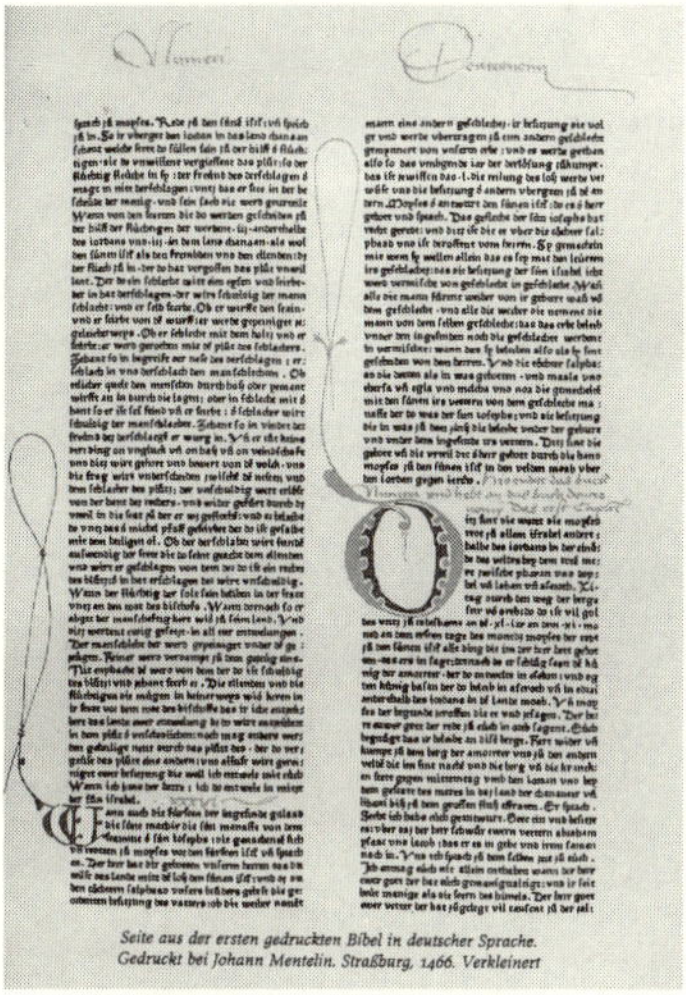

最初のドイツ語版聖書

一四六六年六月、メンテリンのもとで最初のドイツ語版聖書が発行された。ただその原本として一四世紀に異端のヴァルド派の人によって翻訳されたものを使用したため、そのドイツ語がよくないとしてしばしば批判されてきた代物《しろもの》であった。それはともかくとして、メンテリンはその後も引き続いて神学や哲学の作品を出版して大金持ちとなったが、名声に包まれたまま一四七八年に亡くなっている。そのあとを継いだのは義理の息子のアドルフ＝ルッシュであったが、彼はもっぱら人文主義と古典文学の作品を印刷した。

いっぽうハインリヒ＝エッゲシュタインのほうは、中世文学やローマ古典作品のドイツ語訳の出版に専心した。彼はまた書籍販売者でもあったので、最古の書籍広告をパンフレットのかたちで印刷した人物であった。その少し後にこの例にならったのが、ヨハネス＝メンテリンとペーター＝シェッファーだった。そのほかでは、力強くて表現力豊かな木彫画で知られた本の印刷者ハインリヒ＝クノープロホツァー、およびヨハネス＝グリュニガーの名前をあげておこう。

いずれにしても一五世紀末までに、シュトラースブルクでは、五〇軒ほどの印刷所が仕事をしていたのである。

ケルン

マインツからライン川に沿って一六〇キロほど北上したところにある古都ケルンには、同じころ三〇軒ほどの印刷所が稼働していた。ここにはじめてウルリヒ＝ツェルが印刷所を設立したのは一四六四年のことであった。この人物は一四五三年にエアフルト大学の学籍簿に登録しているが、その後マインツの「フスト＆シェッファー工房」で印刷術を習得した後、ケルンに移ってケルン大学の学芸学部に登録してから、印刷所を設立したのであった。そしてその翌年には最初の印刷物を世に出している。彼が出版したのは、おおむね神学書と古典書であった。

その他のケルンの印刷者としては、バルトロメウス＝フォン＝ウンケルおよびハインリヒ＝クヴェンテルが、木版画がたくさん入った低地ドイツ語およびニーダーザクセン語による聖書の印刷によって知られている。とりわけクヴェンテルは、一四七九年から一五〇〇年までの二二年間におよそ四〇〇点を出版し、この時代の最も生産力の高い印刷者の一人とされている。

バーゼル

宗教会議との関連で本書でもたびたび触れてきたバーゼルの町は、マインツからライン川を三〇〇キロほど南に遡ったところにある。ここでグーテンベルクの昔の仲間ベルトルート＝ルッペルが印刷所をつくり、一四六八年には大型のラテン語聖書を印刷している。その商売は一時順調に進んだが、やがて現れてきた新興のライバルたちによって追い抜かれてしまった。シュトラースブルクから移ったもう一人の印刷者ミヒャエル＝ヴェンスラーは『ミサ典書』を印刷して、バーゼル、ケルン、マインツ、トゥリア、ソールズベリーなどで販売していたが、最初のうちは結構な商売をやっていた。しかしやがて経済的な破局に見舞われ、印刷所は倒産して彼は夜逃げをしなければならなかったという。

バーゼルの最も有名な初期印刷・出版業者としては、ヨハネス＝アマーバッハとヨハネス＝フローベンの二人をあげることができる。彼らは自らも学識をもっており、ヨーロッパの著名な学者と交友を結んでいた。

とりわけヨハネス＝アマーバッハは、当時の精神界の新潮流ともいうべき人文主義のために尽くした。特にオランダのロッテルダムからバーゼルに移り住んだ人文主義の大家エラスムスとの親交で知られている。エラスムスは彼の仕事ぶりを次のようにほめたたえている。

「世には多大の費用をもって扶養されながら無為に日を送る僧侶が少なくなく、また莫大な収入があり、壮麗な邸宅に住みながら馬を飼い、宴会を催すほかに芸がない僧院長が多いのに、一俗人（アマーバッハのこと）が自らの収入をもって、進んで世に尽くすところ大であり……」

実際彼の印刷物はその入念な編集によって知られている。もしその印刷物に誤植が見つかったりしたら、センセーションを呼んだほどであった。ヨハネス＝フローベンもエラスムスと親交があったが、その店はステッキに二匹の蛇を絡ませた標章と、小型ラテン語聖書の発行で知られている。バーゼルの印刷者としては、もう一人ヨーハン＝ベルクマンの名前をあげることができる。彼は若きアルブレヒト＝デューラーの木版画を収めたゼバスティアン＝ブラントの『愚者の船』を出版したことで知られている。

ニュルンベルクのアントン＝コーベルガー　一五世紀末までにドイツ国内には、六〇の都市で三〇〇軒にのぼる印刷所が仕事をしていた。その印刷地についていちいち述べる余裕はないが、ドイツにおける初期の大出版業者として知られるアントン＝コーベルガー（一四四五～一五一三）についてはぜひとも述べておかなければならない。

ニュルンベルクは、マインツの東二〇〇キロほどのところにある中央ヨーロッパ最大の商業都市であった。そのためヨーロッパ各地から商人や銀行家が集まり、資材・製品の取り引きも極めて盛んであった。

こうした状況のなかから、コーベルガーのような印刷者、出版者、書籍販売者を一身に兼ねた偉大な実業家が現れたとしても不思議ではない。彼は都市貴族たちと組んで、市参事会員の一人となり、出版事業を社会的に立派な産業のひとつにしたのである。

当時ニュルンベルクの彼の印刷所には、二四台の印刷機が備わっていて、植字工、印刷工、彩飾工、製本工、校正係など全部で一〇〇余名の職人たちが働いていた。またニュルンベルクのほかに、バーゼルやシュトラースブルク、フランスのリヨンにも印刷所を持っていたし、見本市の町フランクフルトをはじめとして、アウクスブルク、エアフルト、ハンブルク、ウルム、ウィーン、バーゼルなどのドイツ語圏の都市から、さらにパリ、ヴェネチア、ブレスラウ、クラカウなどにも販売店を構えて、広範な商売を展開していた。

出版物としては、神学、哲学、法律、典礼などの書物が中心であったが、なかでも世界の地誌について記したハルトマン＝シェーデル著『万国年代記』が、学者や聖職者以外にも広く読まれた書物として知られている。そこに収められた数多くの木版画や線描画が有名である。

いっぽう美的・芸術的観点からいって最も重要な出版物は、アルブレヒト＝デューラーの木版画が入ったラテン語およびドイツ語の『黙示録』であった。木版画の印刷に際しては、デューラー自ら監督に当たっていたという。

アントン＝コーベルガーは、作品の特性や買い手の読書習慣などを考慮して使う活字を選んでいた。たとえば『万国年代記』のドイツ語版のためにはシュバーバッハ体活字を、ラテン語版のためにはイタリアで好まれていたロトゥンダ活字を用いたのである。

ともかく彼は、かつてグーテンベルクが試みて未完に終わった事業の方法を実現したのである。それは大規模な分業体制、著名な芸術家の登用、すべての生産工程および販売をひとつにまとめる組織であった。

2　ヨーロッパ諸地域への伝播

前述したように、一四六二年のマインツ陥落以降、ドイツの印刷工はドイツ各地へと移っていったばかりでなく、近隣のイタリア、フランス、スペインその他の諸国へも散っていったのであった。彼らははじめ印刷の知識と経験を各地に伝え、商売のうえでも成功を収めた。しかし見知らぬ土地や環境での商売を永続させていくことは、なかなか困難なことであった。やがて新しい技術を習得した現地の人間が印刷業に進出してきて、しだいに競争相手として成長するようになった。こうした状況のもとに、しばしば地元の印刷者によってとってかわられることも珍しくはなくなっていったのである。

イタリア

アルプスを越えてイタリアにはじめて印刷術をもたらしたのは、スヴェインハイムとパナルツという二人のドイツ人印刷工であった。この二人は一四六五年に、ローマ近郊のスビアーコで印刷所を開いた。そして一四七二年までに二八点の作品を、一万二四七五部印刷した。このような細かい数字がわかっているのは、じつはこの二人が商売に困った末に、ときのローマ教皇に嘆願の手紙を出し、それが残っているからである。書物の売れ行きが悪くて生活にも困るほどで、何とか保護してくれるように訴えたのである。これに対して教皇からは何の手助けもなかったという。

その結果イタリアにおける最初の印刷者は活字を更新することもできず、印刷物は質的低下をきたし、生活に困ったあげくパナルツは一四七六年に死亡し、スヴェインハイムのほうはカード印刷に従事して糊口をしのいだという。

同じドイツ人印刷工でも、ウルリヒ＝ハーンの場合は成功を収めている。彼は一四四三年にライプツィヒ大学で学び、バンベルクの「アルブレヒト＝プフィスター印刷工房」で仕事をした後にローマに移った。最初は枢機卿トゥレクレマータの注文を受けて仕事をはじめたが、その作品『瞑想録』のためにイタリアで好まれていたロトゥンダ活字を用い、三四枚の木版画を添えた。その木版画は、ローマのある修道院の、おそらくフラ＝アンジェリコが描いたと思われるフレスコ画のシリーズをコピーしたものである。後になって彼は教皇の勅書、演説集、規定集などを印刷した。そして一四七六年には楽譜付きの歌の本を印刷している。

大部分が聖職者か修士であったドイツ人印刷者たちは、ローマでは一五世紀末までは何とかその優位を保つことができたという。ところが人文主義が特に保護奨励され、イタリアにおける最も重要な印刷の揺籃《ようらん》の地へと発展しつつあったヴェネチアでは、ドイツ人印刷者に対してイタリア人の同僚が強力なライヴァルになってきたのである。

ヴェネチア　ヴェネチアでの最初の印刷者は、ドイツ人のヨハネス＝フォン＝シュパイヤーであった。彼はおそらくグーテンベルクのもとで印刷術を習得したものと思われる。ヴェネチアでは弟ヴェンデリンと一緒に仕事をしたが、兄が亡くなってからは弟がその仕事を受け継いだ。彼の注目すべき業績としては、一四七一年にイタリア語で書かれた聖書をはじめて出版したことである。

次に、かつてエルトヴィルの印刷工房でグーテンベルクの手助けをしたフランス人印刷者ニコラウス＝イエーンゾン（ニコラ＝ジャンソン）がヴェネチアに移ってきた。はじめはシュパイヤー印刷所で仕事をしていたが、一四七〇年になってフランクフルトの金持ち商人ウーゲルハイマーの資金援助のもとに独自の印刷工房を設立し、他のドイツ人印刷工とともに印刷業をはじめた。そして自分で考案したローマン体活字で本を印刷した。これはそれまでのローマン体活字を隅に追いやるほどのすばらしいできばえだった。

イエーンゾンは、人文主義者の筆写小文字の美しさと読みやすさを活字体で実現したのであった。彼は商売のうえでも成功して、一四八〇年に亡くなった。

アウクスブルク出身のエアハルト＝ラートルトもヴェネチアで大きな名声を獲得した。彼は同郷人二人の手助けを得て、もっぱら学問書を六〇点ほど印刷した。その作品の多くは縁どりの装飾が施されていたが、画家ベルンハルト＝マーラーがその装飾模様を彫った。その木版画のうちのいくつかは、数枚の版木を重ねるようにして印刷された多色刷りであった。エアハルト＝ラートルトは年を取ってから故郷のアウクスブルクに戻ったが、そのヴェネチアの装飾縁どりは、以後ドイツの各都市にも普及していった。

これらドイツ人印刷者の後を受けて登場し、やがて揺籃期時代のイタリアを代表する最も代表的な印刷・出版者になったのが、イタリア人の人文主義者アルドゥス＝マヌティウスであった。彼は一四九五年以降ギリシア－ラテンの古典書を印刷しはじめた。その際彼は、専属の彫金師に一連のギリシア文字とローマン体の活字をつくらせた。当時人文主義者が好んで書いていた筆記体の文字を活字（イタリック体）に直して廉価の文庫本に用い、大部数を出版したのである。アルドゥスは、一四九九年芸術的価値の高い木版画一七〇枚を添えた書物を出版したが、これはルネッサンス期のブックデザインの最も貴重な記念碑的作品といわれている。

ヴェネチアだけで西暦一五〇〇年までに、一五〇の印刷所で四五〇〇点の書物が、一点二〇〇部から五〇〇部の発行部数で出版されたという。ローマとヴェネチアのほかに、五一のイタリアの都市で印刷が行われた。当時経済発展の著しかったイタリアは、こうして一五世紀末までに、書物の量および質の両面で、活版印刷術の発祥の地ドイツを凌駕《りょうが》したのであった。

フランス

ヴェネチアについで二番目に重要な国外の印刷地は、当時二〇万人の人口を擁していたフランスの首都パリであった。

ソルボンヌの二人の教授ギヨーム＝フィシェーおよびヨーハン＝ハインリン＝フォン＝シュタインは、一四七〇年にドイツ人の印刷者三人、つまりコンスタンツのウルリヒ＝ゲーリング、コルマールのミヒャエル＝フリブルガーおよびシュトラースブルクのマルティン＝クランツをパリへ招聘した。印刷所は大学図書館の隅に設置され、ハインリンが出版すべき書物の選定を、フィシェーが財政面を担当した。印刷業務にともなうもろもろの職人はソルボンヌ側で用意した。おそらく最初のうちは、校正職としてドイツ出身の教授資格をもったマギステルが働いていたと思われるが、やがてフランス人の校正職も出てくるようになった。

やがて大学内の印刷所のほかにも、いろいろな印刷工房がパリ市内につくられるようになった。そうした一人が、後にパリの代表的な印刷者になったティルマン＝ケルファーであった。彼は自分の好きな『時禱書』の印刷に対してたくさんの注文を受け、そのために他の印刷者にも仕事を頼んでいるぐらいだ。

またフランス人の印刷者ジャン＝プティも、自分のところだけでは印刷しきれずに、よその印刷者に仕事を頼んでいる。

フランスでは当時中央権力が強化されていったが、これによって書籍印刷は花盛りを迎えた。そして一六世紀後半にいたってフランスは、ブックデザインの面で指導的な国になったのである。パリのほかに南フランスのリヨンも印刷のもうひとつの中心地になった。ここでは多くのドイツ人印刷者がフランス人書籍販売者と良好な協力関係にあった。そのことを証明するものとして、印刷者ヨハネス＝トレクセルが、自分が出した本の終わりに記した次のような言葉がある。

「私のまわりには常にフランス人とドイツ人がいる。私の本はフランス中で賞賛され、愛好され、買われている。私のことを皆が心のなかに秘めている。すべての者が私を求めて、手を差し出す。……」

その他の地域への伝播

活版印刷術は、一五世紀のうちにさらにスペイン、ポルトガル、オランダ、ベルギー、イギリス、スイス、ポーランド、ベーメン、メーレン、ハンガリー、ユーゴスラヴィア、デンマーク、スウェーデンへと伝わっていき、やがて全世界を征服したのである。

一五世紀後半の半世紀に印刷された揺籃期本のほぼ半分は神学書であった。第二位は古典書であったが、これはイタリアでは第一位であった。第三位にやっと民衆本や暦、あるいは各国語による文献がランクされた。

初期の印刷者にはどのような人がなったのであろうか？　一番多かったのが聖職者、ついで金細工師だった。しかし一部にはすでに、本や印刷に関連した仕事に従事していた人、つまり活字鋳造人、絵入り本づくりの職人、聖画像の印刷者、筆写生、彩飾画家などであった。

活版印刷術の父ヨハネス＝グーテンベルク、その発祥の地マインツあるいはドイツに対する賞賛や感謝の言葉は、十五世紀後半の時期にはまださまざまなかたちで残されている。先に述べたパリ大学教授ギヨーム＝フィシェーは、グーテンベルクが死んで三年後の一四七一年、ある本の前書きで次のように記している。

「ヨハネス＝グーテンベルクが活版印刷術を最初に考え出した。それは書きペンや羽根ペンではなくて、金属でできた活字によって本をつくるというもので、いままでより速くでき、しかも美しく、趣がある。まことにこの人物は、すべてのミューズの神、すべての芸術、本を愛好するすべての人が、神への賞賛にも似た賛辞をもってたたえるにふさわしい人物である」

その少し前の一四七〇年にパリで出版された本の中には、次のようなラテン語による警句が載っていた。

「ドイツは多くの不滅の業績を達成してきたが、その最大のものは活版印刷術である」

またイタリアのシエナでは、一四八七年に次のような言葉が印刷された。

「かつて速筆の筆写生が一年かかって書いていたものを、ドイツからきた贈り物によって、いまでは一日で仕上げられるのだ」

さらにヴェルナー＝ロヴェリンクは次のような言葉を残している。

「マインツにおいて発明された活版印刷術は、芸術の中の芸術、学問の中の学問である。その急速な普及によって世界は、これまで隠されてきた知識と知恵のすばらしい宝庫で満たされ、明るく照らされるようになったのである」

一五〇〇年までに、二五五の印刷地において、少なくとも三万点の書物が二〇〇〇万部印刷された。長く苦しかったグーテンベルクの発明の仕事は報われたのである。

次頁の表の出典＝Hans Widmann : Geschichte des Buchhandels, Harrassowitz, 1975, p. 58〜60

活版印刷技術の伝播——その年代と場所(太字はドイツ帝国内)

1458／59年	**バンベルク、シュトラースブルク**
1464／65年	**ケルン**
1465年	ローマ近郊スビアーコ
1467年	**エルトヴィル**、ローマ
1468年	バーゼル（？）、**アウクスブルク**
1468／69年	**コンスタンツ**（？）
1469年	ヴェネチア
1469／70年	**ニュルンベルク**
1470年	**ベロミュンスター、ハーゲナウ**（？）
1470／71年	パリ、ナポリ
1471年	**シュパイヤー**
1472年	**ラウインゲン、ウルム、エスリンゲン**
1473年	**メルゼブルク、エアフルト、リューベック**；アルオスト（ベルギー）、ブダ（ハンガリー）、ユトレヒト、リヨン；スペインの無名の地
1474年	ヴァレンシア、サラゴサ、バルセロナ、クラカウ
1473／74年	**マリーエンタール**
1475年	**ブラウボイレン、ブレスラウ**、ブルクドルフ(スイス)
1476年	**ロイトリンゲン、ロストック**；ブリュッセル、ロンドン、**ピルゼン**
1477年	**ファウツベルク**
1478年	**シュッセンリート**
1479年	**ヴュルツブルク**
1479年頃	ウラハ、チューリヒ
1480年	**メミンゲン、パッサウ、マグデブルク**
1481年	**ライプツィヒ、トゥリア**；アントワープ、サラマンカ
1482年	**ウィーン、ミュンヘン、メッツ**
1483年	ストックホルム
1483／84年	**アイヒシュテット、マイセン、インゴールシュタット**
1485年	**ハイデルベルク、レーゲンスブルク、ミュンスター**
1486年	**シュトゥットガルト、シュレスヴィッヒ**
1487年	**フライジング、ツヴァイブリュッケン**（？）
1488年	**シュテンダール、ディリンゲン**
1489年	**ハーゲナウ**(1470年か？)、**キルヒハイム**、リスボン
1490年	**ハンブルク、フライブルク**（？）
1492年	**マリーエンブルク**
1493年	**リューネブルク**；コペンハーゲン、セティニエ
1495年	**フォルツハイム、フライベルク、ツィンナ**
1496年	**オッフェンブルク**
1498年	**テュービンゲン**
1499年	**ダンツィヒ、オッペンハイム**
1500年	ズルゼー（スイス）

おわりに――グーテンベルク研究史

第八章の終わりの部分で述べたように、グーテンベルクは亡くなってからなお二、三〇年間は活版印刷術の発明者として記憶され、その業績もたたえられていた。しかしこの記憶はその後、急速に消えていった。これにはペーター＝シェッファーの息子ヨーハンがさまざまな本の奥付で、グーテンベルクの名前は伏せて、自分の父親を印刷術の発明者であると記してきたことも一因となったようだ。何しろ巨匠自身は、自ら印刷したものに一切自分の名前は記していないし、自伝めいたものも何も残されていないのだ。そのためもあってか、一六世紀の初頭には、ウルリヒ＝フォン＝フッテンやエラスムスなどの人文主義者もグーテンベルクのことを知らなかったのである。

ついでシュトラースブルクの印刷者ヨハネス＝ショットは、自分の町の最初の印刷者の一人ヨハネス＝メンテリンを活版印刷術の発明者と呼び、この伝説を信じる支持者を一定数獲得した。またオランダの教科書には、昔から現在に至るまでハールレム出身のオランダ人ラウレンス＝コスターが活版印刷術を発明した、と書かれている。そして今日なおハールレム市の大広場に建つ記念碑の台座には、このことが記されているのだ。

さらに北イタリアの町フェルトレにも活版印刷術の発明者の記念碑が建っていて、そこには医者で詩人のパムフィロ＝カスタルディの名前が書かれている。

本国ドイツでも、一六四〇年にライプツィヒで開かれた活版印刷術二〇〇年祭において、ヨハネス＝フストとペーター＝シェッファーが発明者としてたたえられ、グーテンベルクはその補助者とされた。

その一〇〇年後の一七四〇年に開かれた三〇〇年祭でも、啓蒙主義文学者ゴットシェートはライプツィヒ大学の講堂で行った講演で、フストとシェッファーについてだけ触れているのだ。

つまりそれまではまともな研究というものは行われておらず、かなりいいかげんな伝承を人々は信じていたということである。ところがその翌年の一七四一年になって、ヨーハン＝ダーフィット＝ケーラーの書いた『信頼すべき記録文書によって裏付けされたヨーハン＝グーテンベルクの極めて功績ある名誉の回復』が世に出るにおよんで、はじめて本格的な「グーテンベルク研究」がはじまったといえる。

Hochverdiente
und aus bewährten Urkunden wohlbeglaubte
Ehren-Rettung
Johann Guttenbergs,
eingebohrnen Bürgers in Mayntz,
aus dem alten Rheinländischen Adelichen Geschlechte
derer
von Gorgenloch, genannt Gänsefleisch,
wegen der ersten Erfindung
der nie gnug gepriesenen Buchdrucker-Kunst
in der Stadt Mayntz,
Zu unvergänglichen Ehren der Teutschen Nation,
und insonderheit
der löblichen uralten Stadt Mayntz,
mit gäntzlicher und unwiedersprechlicher Entscheidung
des darüber entstandenen dreyhundertjährigen
Streits,
getreulich und mit allem Fleiß ausgefertiget
von
Johann David Köhler,
Hist. P. P. O. zu Göttingen.

Leipzig,
Bey Caspar Fritschen, 1741.

Hochverdiente
und aus bewährten Urkunden wohlbeglaubte
Ehren-Rettung
Johann Guttenbergs.
1741

グーテンベルクの名誉を
回復したケーラーの著書

その後ドイツを中心に、堰を切ったように次から次へと資料や史料が発見され、テーゼに対して反テーゼが立てられ、ときとして数十年にわたったこともある学問的な論争が繰り広げられ、さらに補助学問が側面援助を行うなど、ドイツにおけるグーテンベルク研究は花盛りの感を呈してきた。

とはいっても一九世紀半ばに至るまで、ドイツ以外のオランダ、フランス、イタリアなどの学者たちはグーテンベルクを印刷術発明者とすることを認めず、それぞれ自分の国こそ「印刷術発祥の地」であることを、手を変え品を変え証明しようとしてきたのである。

なかでもオランダ人のラウレンス＝コスターを発明者とする説は最も根強く、一九世紀半ばまでオランダ人やイギリス人の研究者によって、さまざまな書物を通して主張されてきた。とりわけ一八世紀半ばから一〇〇年あまりの間オランダでは、コスター説に対して国をあげて支援するといったナショナリズムの風潮がみられた。

この「コスター伝説」のもとになったものは、一五八八年にハールレムの医師、アドリアン＝デ＝ヨンガが著した『オランダ年代記』であった。この本でヨンガは本が出版される二〇年前にある人から聞いた話として、ハールレムに住んでいたラウレンス＝ヤンスゾーン別名コスターが、一四四〇年に印刷術を発明したということを記しているわけである。その調子は誇張に満ち、もったいぶったところがあり、いかにも童話風な物語となっている。しかしその年代設定、木版印刷が盛んであったハールレムという町の設定、そしてこの木版をもとにして鉛などの活字が発明されたという話の筋立てなど、かなり信憑性を人に抱かせるような要素もあって、この伝説はオランダの研究者を中心にコスター説を立てるもとになった物語なのである。

しかし一八七〇年になって、偏見のないオランダ人の研究者アントニウス＝ファン＝デル＝リンデ博士によって、それまでのさまざまな憶測や誤り、詭弁などが暴かれ、「コスター伝説」は完全に排除されたのである。

こうしてようやくのことで、グーテンベルクこそが活版印刷術の発明家である、という説が学界で定説として打ち立てられたのである。そして「活版印刷術の父」をめぐるナショナリズムの風潮に彩られた論争は決着をみることになった。

グーテンベルク博物館

いっぽう日本へはちょうどこの決着がついた後に活版印刷術に関する情報が入ってきたため、わが国では「活版印刷術の発明者としてのグーテンベルク」の位置づけには最初から疑問の余地がなかったわけである。
ところで本国のドイツにおける「グーテンベルク研究」は、この後専門の研究者によって微に入り細をうがつような、詳細で徹底した調査研究が続けられることになった。こうして完全に復権したグーテンベルクの生誕五〇〇年記念祭が、一九〇〇年に大々的に開催された。そしてこのときマインツに「グーテンベルク博物館」が設立され、その翌年には印刷や書籍出版のことを総体として研究するための機関として「グーテンベルク協会」がつくられた。また研究発表の場として、一九二六年からは毎年『グーテンベルク年報』が発行されることになった。

こうしてグーテンベルクやそのほかの印刷者が残した印刷物などを手がかりにした、書籍印刷の専門研究は著しく進んだが、グーテンベルク本人の生涯に関する史料は極めて限られており、未知の部分が多いことについては本書の叙述でも再三再四繰り返し述べてきたことである。そういう状況下で専門家の間では、憶測でものを言うことに対してしばしば警告が発せられてきた。そのなかで長年「グーテンベルク博物館」の館長を務めてきたアロイス＝ルッペルの研究書は、いまなおグーテンベルクに関する基本的な文献として、研究者の間で重要な道標となっている。そしてこの二〇年間、ふたたび興味ある個別研究や全体的な仕事が公表されているが、とりわけフェルディナント＝ゲルトナー、ハンス＝リュルフィングの作品、そしてハンス＝ヴィットマンの『グーテンベルク研究の現状』が重要である。

いまでは史料面での新しい発見はもはやないだろうといわれるぐらいであるが、こうした状況のなかで筆者が本書を書くに当たって主として依拠してきたアルベルト＝カプルの『グーテンベルク――その生涯と業績』は、グーテンベルクが生きた時代の背景や環境にも十分な考察を加えた力作である。

カプルはこの本のなかで、巨匠の同時代人であった偉大な人々、枢機卿のニコラウス＝フォン＝クースや後に教皇になったエネア＝シルヴィオ＝ピッコロミニその他にも光を当てて、側面からかなり大胆な仮説を交えて考察を行っている。その際これらの人々が当時活版印刷について知っていて、まだ明らかにされていない場所で、それについて発言していることも示唆している。そのいっぽうで、新しいエレクトロニクスによる調査方法が、印刷インクや紙の組成からグーテンベルクの印刷工房についての推論を導くことになるかもしれないという期待も高まっているという。

筆者としては、「人と思想」という本シリーズの性格上、印刷技術や書誌的な側面は限られた範囲において扱うにとどめ、カプルの本にもとづいて、できるかぎりグーテンベルクが生きた一五世紀ドイツの政治・社会的ないし精神文化的な時代背景にも光を当てることに努めたわけである。

グーテンベルク年譜（年齢は一四〇〇年生まれとして算出）

西暦	年齢	年譜	参考事項
一四〇〇頃	0	マインツにおいて、都市貴族フリーレ＝ゲンスフライシュと妻エルゼの次男として生まれる。	
一四一一〜一四一四		他の都市貴族とともに、父親はエルトヴィルに移住。このときグーテンベルクも同行した可能性が高い。	コンスタンツ宗教会議開催。（〜一四一八）
一四一八	18	エアフルト大学に登録した可能性がある。	
一四一九	19	父ゲンスフライシュ死去。	ボヘミアでフスの戦争が起こる。（〜一四三六）
一四二〇	20	故郷のマインツに戻る。	
一四二〇代		後に枢機卿となるニコラウス＝フォン＝クースと知り合った可能性がある。	
一四二九〜一四三四		マインツを離れ、放浪の生活。	フランスでジャンヌ＝ダルクが活躍。（一四二九〜三一）

一四三〇	30	グーテンベルク一家、マインツへの帰還を許可される。グーテンベルク本人は戻らず。	バーゼル宗教会議開催。（一四三一～四九） マインツの都市貴族とツンフトが和解。
一四三三	33	母エルゼが死去。その遺産が三人の子どもに分与される。	
一四三四	34	シュトラースブルクに移住。	メディチ家、フィレンツェ市政独占。（～一四九四）
一四三六	36	エネリン嬢から婚約破棄で告訴される。	
一四三八	38	仲間とともに救済用手鏡の製造。	ハプスブルク家、神聖ローマ皇帝位を継ぐ。
一四三六～一四四〇	36～40	仲間とともに秘密裏に「活版印刷術」発明への試みを続ける。その途上で仲間のドリッツェーン死亡。その兄弟によって訴えられる（一四三九）。ワイン税をシュトラースブルク市へ支払う（一四三六および一四三九）。このころ印刷術がいちおう完成する。	
一四四〇～一四四三		初期印刷物『ドナトゥス』、『最後の審判に関する断片』の印刷。	ドイツ皇帝フリードリヒ三世の就任。（一四四〇）

一四四四	44	シュトラースブルク防衛のための出征召集への金細工ツンフトのリストのトップにランクされる。しかし出征せず、シュトラースブルクを離れる。	アルマニャック傭兵によるシュトラースブルク略奪。
一四四四～一四四八		空白の四年間。どこかで救済用手鏡の製造に従事していた可能性がある。	
一四四八	48	マインツに帰還する。「グーテンベルク屋敷」のなかに印刷工房を設置し、印刷業務を再開する。親戚のゲルトゥスを仲介して、一五〇グルデンを借りる。	
一四四八～一四五八		この間、ラテン語教科書『ドナトゥス』、二四ものちがった版で出版される。	
一四四九	49	フストと知り合い、八〇〇グルデンという大金を借りる。	
一四五〇～一四五五		「フンブレヒト屋敷」内に、フストと共同で新たに印刷工房設立。最高傑作『四十二行聖書』を印刷する。	オスマン-トルコによるコンスタンチノープル征服。（一四五三年五月）百年戦争終結。
一四五四～		『三十一行免罪符』と『三十行免罪符』の印刷。	

一四五五 一四五五	55	『トルコ-カレンダー』の印刷。 『四十二行聖書』、推定発行部数一八〇部の印刷完了を前に、フスト、グーテンベルクを提訴。この訴訟に、グーテンベルク敗訴し、印刷所および機器、印刷物などを没収される。	シェッファー、フストの娘と結婚。フストはシェッファーを後継者に決める。 イギリス、ばら戦争。（〜一四八五）
一四五七	57	「フスト&シェッファー工房」で、『マインツ詩篇』の印刷。	ディーター、マインツ大司教に選出される。（一四五九）
一四五八〜一四六〇		グーテンベルクの支援によりバンベルクのフィスター印刷工房で、『三十六行聖書』の印刷。 この時期「グーテンベルク屋敷印刷工房」で、ラテン語大事典『カトリコン』の印刷。	
一四六〇〜一四六一		『ノイハウゼン免罪符』の印刷。	マインツ大司教と教皇ピウス二世の対立。
一四六二	62	「フスト&シェッファー工房」において、『四十八行聖書』を印刷する。一〇月末、グーテンベルクはマインツを追われて、エルトヴィルへ亡命する。	一四六二年一〇月、マインツ市略奪・占拠される。市民の多くが追放される。

一四六三	63	グーテンベルクの助力によって、エルトヴィルに「ベヒターミュンツェ印刷工房」設立。	アドルフ、新大司教に就任する。
一四六五	65	グーテンベルク、アドルフ新大司教の廷臣となり、老後の生活を保証される。	
一四六五～一四六七		「ベヒターミュンツェ印刷工房」で、『ラテン語-ドイツ語辞典』の印刷。	フスト、ペストが原因でパリで死去。（一四六六）
一四六八	68	二月、グーテンベルク死去。	

参考文献

●日本語文献・資料

『グーテンベルク聖書の行方』 富田修二著 図書出版社 一九九二
『印刷文化史』（定本 庄司浅水著作集 書誌編 第五巻） 出版ニュース社 一九八〇
『グーテンベルクの鬚』 大輪盛登著 筑摩書房 一九八八
『グーテンベルク・四十二行聖書』（特別展示資料） 丸善株式会社 一九八八
《書物》活字文化の世界展～グーテンベルクから500年～ 丸善株式会社 一九八九
『グーテンベルクの世紀』（天理ギャラリー第86回展） 東京天理ギャラリー 一九九〇
『ドイツ出版の社会史～グーテンベルクから現代まで～』 戸叶勝也著 三修社 一九九二
『印刷革命』 アイゼンステイン著 別宮貞徳監訳 みすず書房 一九八七
『書物の出現』 上下巻 リュシアン＝フェーヴル／アンリ＝ジャン＝マルタン著 関根／長谷川／宮下／月村訳 筑摩書房 一九八五
『グーテンベルクの銀河系～活字人間の形成』 マーシャル＝マクルーハン著 森常治訳 みすず書房 一九八六
『書物の本』 ヘルムート＝プレッサー著 轡田収訳 法政大学出版局 一九七三

●原書文献（生涯と業績に関する総合的な著作のうち代表的な作品）

Albert Kapr : *Johannes Gutenberg〜Persönlichkeit und Leistung〜*, Urania-Verlag, Leipzig, Jena, Berlin, 1988

Helmut Presser : *Gutenberg in Zeugnissen und Bilddokumenten*, ro-ro-ro bildmonographien 134, Rowohlt Taschenbuch Verlag GmbH, 1967

Aloys Ruppel : *Johannes Gutenberg. Sein Leben und sein Werk. 3. Aufl.* , Nieuwkoop, 1967

Hans Widmann hrsg. : *Der gegenwärtige Stand der Gutenberg-Forschung*, Stuttgart, 1972

Hans Lülfing : *Johannes Gutenberg und das Buchwesen des 14. und 15. Jahrhunderts*, Leipzig, 1969

Victor Scholderer : *Johann Gutenberg, the inventor of printing*, London, 1963

さくいん

【人　名】

【地　名】

【事項・作品】

グーテンベルク■人と思想150　　定価はカバーに表示

1997年8月27日　第1刷発行©
2015年9月10日　新装版第1刷発行©

・著　者 ……………………………… 戸《と》叶《かの》　勝《かつ》也《や》
・発行者 ……………………………… 渡部　哲治
・印刷所 ……………………… 広研印刷株式会社
・発行所 ……………………… 株式会社　清水書院

〒102-0072　東京都千代田区飯田橋3-11-6
Tel・03(5213)7151～7
振替口座・00130-3-5283
http://www.shimizushoin.co.jp

検印省略
落丁本・乱丁本は
おとりかえします。

CenturyBooks

Printed in Japan
ISBN978-4-389-42150-2

CenturyBooks

清水書院の〝センチュリーブックス〟発刊のことば

近年の科学技術の発達は、まことに目覚ましいものがあります。月世界への旅行も、近い将来のこととして、夢ではなくなりました。しかし、一方、人間性は疎外され、文化も、商品化されようとしていることも、否定できません。

いま、人間性の回復をはかり、先人の遺した偉大な文化を継承して、高貴な精神の城を守り、明日への創造に資することは、今世紀に生きる私たちの、重大な責務であると信じます。

私たちがここに、「センチュリーブックス」を刊行いたしますのは、人間形成期にある学生・生徒の諸君、職場にある若い世代に精神の糧を提供し、この責任の一端を果たしたいためであります。

ここに読者諸氏の豊かな人間性を讃えつつご愛読を願います。

一九六七年

SHIMIZU SHOIN